# ひかりぼっち

マヒトゥ・ザ・ピーポー

写真 佐内正史

イースト・プレス

FIRE CISTERN
防火水槽
40m

ひかりぼっち

マヒトゥ・ザ・ピーポー

目を開けた時、最初に見たものなんだっけ？

思い出す。思い出そうとしてみる。目が開いた瞬間、網膜に焼き付いた記憶の正体。

声が出る。

まだ手だか足だかわからない五本の指を力いっぱい握り、思い切り泣いてみた。でも、その涙の理由は悲しかったからじゃない。驚いたのだ。滝のようにこぼれてくる色に打たれたわたしは全身全霊で震え、悲しみも喜びも混在した匂いには、これからはじまる未来の気配が詰まっていて、胸はちきれそうに鼓動した。まだその感情を表現するスキルのないわたしは瞳の下にため込んだ最初の海の防波堤を決壊させ、涙にその想いをのせたんだよね。


わたしの小さな体は真人《まひと》と名付けられた。真実の真に人。

人は生まれた時は人ではなく、ただの獣。

「おっぎゃああ」

「その獣でしかない炸裂音を発し震えながら生まれてきて、いろんな世界やいろんな音、色に触れてだんだんと人間になっていく。真の意味で人間になってほしい」
そういう願いからその小さい赤い生き物は真人と呼ばれた。願いか祈りか呪いか、その名前を皮膚の内側にタトゥのように刻まれてわたしは生きていくことになる。

小さい生き物はいくつか春を待ち、はじめて触れたそれを、光と呼ぶのだと教わった。その言葉を覚えてわたしは一つ人に近づいた気がする。

三十年ほどの時間を数えた今でも、わたしは一つずつその懐かしい光を集めている。母親より前に見たその光を探して旅をしている。その光はどうやら眩しいところだけにあるわけじゃないみたいだ。寂しくて、悲しくて、そんな日の差すことのない静かな場所にも光は咲いている。

幸せになりたい。

ひかりぼっち　目次

二〇一八年二月―二〇二〇年八月

# 眩しがりやが見た光

肋骨が割れている。勝手にその響きから六本の骨があるように思っていたけれど、実際のところどうなのだろうか。

その数がどうであれ、その内の一本がちゃんと折れていて、おまけに風邪もひいてるものだから、咳やくしゃみをするたびに疼《うず》くように痛む。折った理由は自業自得の極みなので割愛するが、人体は不思議なもので、肋骨をかばおうとすると、そのつけが背骨にくる。つくづく体は縦の動きには強いが不自然に負荷がかかるものには滅法弱く、わたしは今、痛みの大三角形につきまとわれている。

セッションのリハーサルを終え、共演者の寺尾紗穂《てらおさほ》とともに会場を後にし、温泉をめざす。

二月の頭、この日の愛媛は四国に似つかわしくないほどに寒く、雪の結晶が空からひらひらとこぼれていた。わたしと寺尾さんはそのこぼれおちる白い結晶に口をあんぐりあけながら、温い息をその割れ目から漏らし、愛媛の道を歩いていた。靴の踵《かかと》を踏みながらつっかけのように雑に履き、石畳を蹴る。その頭上、ゆうさりの冷えた雲が佗しく黒焦げていて、それはもう毛布でもかけてあげたいと思えるほどに。

奥道後温泉と書かれた暖簾《のれん》の手前、無人の販売機で入浴券を買うために、ポケットに押し込んできたメダルを数枚入れて、ボタンに指をかける。

こんな時、いまだに大人ではなく、小人のボタンにまずフォーカスが合い、自然な意志に任せるとそこをプッシュしてしまいそうになる。わたしはいつのまに大人と呼ばれる年月を紡《つむ》いだのだろう。毎日、メモをとってきたわけではないから、時たま訪れる、現実の前にきっちりと、しっかりと驚く。

「出る時間はバラバラだろうから、会場で待ち合わそう」

そう言って、寺尾さんは左の赤いほうに、わたしは右の青い暖簾をくぐる。

なかは温泉というよりは大衆浴場と呼ぶほうがしっくりくるような簡素で懐かしい造りをしていた。よくよく見れば、源泉は道後と書かれてはいるが、温泉とはどこにも書かれていない。いや、いい。別にお湯の効能なんて素人には大してわかりやしないのだ。しっかりと騙してくれさえすればいい。わたしは脳みその皺《しわ》を親指と人差し指でつまみ、今の今に見たその不必要な記憶を書き換える。

「ワタシハイマカラ、オンセンニ、ハイルノダ」


服を脱ぎロッカーに入れ、その鍵を足首に巻き、大浴場に入る。湯気、黄色いケロリンの桶が反響する音、石鹸の匂い、シャンプーが泡立つ音。体をひとしきり流した後、湯船につかってつく深いため息。冷えた背骨にじんわりと染み入っていく、その横でおじいさん同士が天気の話をしている。

「去年の今頃はこんなには寒くなかった」

「今日は朝起きたら霜がすごくてなあ」

「明日はどうかのう」

「降らんといいのう」

ずっとずっと、そんな話を永遠のように語り合っている。わたしはぼんやりと天井を眺めながらそれをうんうんと聞いていた。きっと毎日のルーティンはそのように固まっていき、変化と言えば天気や体調の話くらいになっていくのではないか。わたしもいつかそんな風になれるだろうか。そんなことを思いながらぶくぶくと泡立つ湯の中で温かい塊になっている。もう吐く息は白くないだろう。

幸福を感じるやつは鈍感だみたいなことを岡本太郎は名言のように語り腐っていたが、幸せを求めて何が悪いのかと問いたい。言葉も音楽も芸術も、その行き着く先はどうか幸福であってほしい。芸術のための芸術に救われたことなんて一度だってない。少なくともこのじーさんとじーさんにとっては、太郎さんのげーじつよりも当たらないお天気アナウンサーのにっこり笑顔のほうが暮らしってやつを支えているのだ。

「またあした」

そう言って片割れのじーさんは先にあがる。この浴場は特別でもなんでもない、日々繰り返す季節のよう。そんな生活のワンシーンになっているのだろう。またあした。大好きな言葉。

少しのぼせてしまったから、一度脱衣所にあがり、自販機でエネルゲンを購入。乾いた唇をあてがいゴクリと飲むと、胃に向けて冷えた流動体が線を描くように落ちていく。

真ん中に置かれたテレビでは、フィギュアスケートの羽生結弦《はにゅうゆづる》がオリンピックのインタビュアーの質疑に応答していた。年齢相応などとっくのとうに飛び越えた受け応え。そこから彼のたどってきた責任や重圧の体積を感じ取る。いや、そうではない。その応答のあまりの完成された様子に彼がＡＩなのではないかという疑問が浮かんでいた。いや、あー。そうだ。ＡＩだ。間違いない。疑問が確信に変わるまでに時間は要さなかった。その完璧なトークのなかに残された人間味が逆にＡＩであるという事実を加速させる。

こんな完成されたやりとり、同じ人間なわけがないもの。なぜだか、自分がボロ雑巾のように思える。おそらくプログラミングされているのだろうが、その纏《まと》った勝ちのオーラは眩しく、蛍光灯の光と絡み合い四回転半のひねりを加え、網膜に飛び込んでくる。

勘のいい皆様はすでに感じ取っているだろうが、テレビＣＭなどで刷り込みははじまっている。ＡＩを身近にフランクに置く環境の準備は着々と進められている。もう、こうなってしまえばあとは絡め取られるようにその流れに巻かれるだけだ。まあ、そのうち乗っ取られちゃうなんてのは容易に想像がつく。羽生くんの完璧な笑顔は、わたしの体の芯を冷やした。エネルゲンを飲み干し、空けた缶を握りつぶし、再び湯船へ体を沈める。

「ぶくぶくぶく」

頭までつかって再び浮かび上がる。息が荒くなり、その分だけ、肋骨が痛む。呼吸や痛みはわたしがそこにいることを教えてくれる。なんて惨めなんだろう。その痛みの理由を思い返すと不完全なケモノであることが自覚されてため息だって出る。

湯船から上がり、ドライヤーでやや長すぎる髪を乾かしながら、鏡の中のわたしと目が合う。普段できるだけ鏡を見ないようにつとめるわたしは、こんな時くらい自分の顔をよく見てみる。右目と左目の大きさが少しだけちがう。薄い赤に充血した目、今まで気づかなかった箇所にできているほくろ、シミ。薄く生えている眉毛と眉毛の間の毛、いつだって日々変化はしてる。おおざっぱに見ればないものにできてしまえる、そんな小さな変化は自分の内外で秒速で起こり続けている。髪の毛が長いおかげで、二十円でワンターンのドライヤーを二ターン分。その間、わたしはわたしの顔を見ている。この顔との付き合いも二十八年になる。

できるだけ誠実に生きたい、と暖簾をくぐって空を見上げたわたしは思っていた。月はどっちに出てる？　そういうことだって大切にしたい。たまにはカラスの気持ちも考えてみる。いいやつにならなくていい。ただ、丁寧に日々の繋ぎ目にも気を配る。そんな感じ。

天気の話でいっぱいになるのが先か、ＡＩによる侵略が先か、戦争による世界の自滅が先か、いずれにしたって、この静かだがたしかな手触りを捨てない。

今度は踵を踏まずに靴を履いて小走りで会場へ駆け出した。

# 晴れた日に石を見る

わたしには好きなギャラリーがある。

集めたものを極めて天才的かつ優雅に展示するそのギャラリーは、わたしの住む家から三分もかからない場所、そこに静かに佇んで、ある。

晴れた日にはデタラメなデザインのサンダルを履いて、右足、左足を交互に前に出し、歩行というやつを繰り返し、その場所に向かう。

「今年は桜を見れないかもしれない」

まだ、桃色を蕾の内側に隠したままの桜の木を見て思う。花粉から逃げるように海外のツアーは三月に行くことが多い。この春はアメリカ西海岸をバンで一か月間回る。

春が目元まで顔を出しているとはいえ、まだ肌寒く、薄着しすぎたみたいだ。今は桃月。膨らみはじめた芽を横に流し、くしゃみを何度か挟みながらわたしは歩行を続ける。思えばマスクのガーゼの匂いが春の匂いにいつの間にかすりかわっていた。そういう人って案外、多いはずだ。桃色の雨、塞がった気道と薬品の匂い。マスクの隙間から上がる温かい息が下まぶたに当たる。

道路を歩いているわたしの視界に唐突に作品は飛び込んできた。

このギャラリーには名前がなく、入場料を取ることもなければ、購入することが可能かどうかも定かではない。つまるところ、家の、おそらくは子どもが、勝手に壁の隙間にお気に入りの石やガラスを置いているだけの天然ギャラリーなのだ。わたしは並べられた石を見る時、とても素敵な気分になり、心のとある箇所に、ぽうと花が咲く。こんな花咲小僧、愛しかない。

石の羅列から、趣やディテールから、置いた人のことを想像する。ガラスの角を円くした海のことを想い、その波音を鼓膜の内側から聴く。石を拾い上げた時の表情を思う。

誰に？　何のために？

そんなことを考えなくていい。風呂場でうたう鼻歌に、教科書の隅っこに書き込んだ落書きに理由なんてあっただろうか。

置かれた石に特別な値段がつくようなものはなく、無視しようと思えばいとも簡単に景色に埋没させることもできる、そんな何の変哲もないものばかりだ。でも、そんなものだけがすくい取る、すくいあげるわずかだがたしかな光というやつの存在を見落としたくはない。いや、小難しく書いたけど好きなんだ。このスペースが、単純に。

有益であろうが無益であろうが綺麗と認めたその自分の感性を尊重する。日本史の教科書の偉人に髭を書き込んだあの時間を、わたしは今も続けている。うららかな温度を肉の裏に覚える。シンパシーというやつ。


しばらく眺めた後、ギャラリーから離れコンビニを目指す。神田川はいつものように汚く、一匹だけいる赤い鯉に目がいく。ゆらめく春の曲線が藻の間を滑空していく。四月の頭には水面に桜の花が浮かぶ。未練たらしく、四月にここにいられない自分のスケジュールに駄々をこね言葉を詰まらせる。当然、誰も何も返してくれない。わたしは一人。変なブンブン虫の群が西日に煽られ一塊のいきもののようになったそれを手で払いのけ、橋を渡る。

牛乳とバームクーヘンを買って近くの公園の好きなベンチへ。昨日と同じように同じ場所から空を見る。一本の飛行機雲がゆっくりと横切っていくのをずっと見る。毎日見ても空は飽きることがない。かと言ってすべてを満たしてくれるわけでもないけれど。

空を飛べるようになるにはあとどれくらいの年月が必要なのか。アトム誕生が二〇〇三年、科学の進歩はイメージよりもずいぶんと遅れている。もし、この文章の読者に奇跡的に科学者がいたのならタケコプターの開発を急いでほしい。楽々と羽ばたいていく鳥を見てあらためて思う。でも、それと同時にもっと遅れていいとも思う。見上げている時間も嫌いじゃないんだ。焦らなくていいよ。ただこの季節とゆっくりかびていく。

ため息をおさえるためにタバコをくわえて、明日のことを考えるふりをしてみるけど、頭なんかさっぱり動かないな。脳みその皺は、考えようとつねっても叩いても微動だにしない。たらこの外面のようにツルツルになっている。ただ見上げて、今日も空に憧れるだけ。明日のことは明日のわたしの管轄だ。ケータイは家のベッドに置いてきた。わたしは今、ただ空を見上げるぼやけた肉塊だ。肉は肉らしく季節に揺れていればいい。

もう少しするとこの空にオレンジ色のベールがかかる。夕暮れにも匂いがある。二十八年空を見続けていたからわかる。橙色の匂い。空が焼ける時の匂い。何にもない日も、何かが起きる日もどちらも好きだな。だけど悩むのが仕事だなんて思ったことはないよ。幸せになりたい。普通の感情だ。

タバコを踏み消して、紙の牛乳パックは右手で潰して袋に入れた。今日、ここにいた証を探しに街に出よう。好きな友だちの顔が浮かぶ。

今日はどんな一日になるだろう。風が西から吹いている。

# おばけ

約束の二月。その日、わたしたちは久しぶりに三人で会っていた。下北沢の風知空《ふうちくう》知《ち》でおばけの練習と称して青葉市子《あおばいちこ》と下津光史《しもつこうじ》と集まった。他に誰も客はおらず、はっぴいえんどがかかる空っぽな空間、店主のさきちゃんがジントニックをテーブルに置いた。

知っている曲を書き出したノートをテーブルの上に載せてなんとなく合わせたりする。でも、その三人の間にある小さなノイズが気になってしまって、音にはなるが音楽にはならない。疎遠になっている今の距離と歌を作った当時の三人の距離の差が、そのまま歪《ひず》みになる。うたわれた世界がそのまま凶器になり、静寂の中で笑いながら腹を刺していた。

熱を帯びずに落下していく音符と詩、床に落ちては冷えて硬くなる。わたしは汗をかいたジントニックのグラスを指でなぞりながら思い出していた。

「俺、お前の友だちになりたいねん。ＤＭ返してやー」、そういった内容のダイレクトメッセージが届いたがわたしはシカトした。その頃の下津は酔うとすぐにツイッターに「踊ってばかりの国は解散します」と書いてしまうメンヘラお騒がせ男のイメージだった。そのイメージは今とさして変わらない。

大阪時代の友人からは「下津とマヒトは絡まないほうがいい。絶対喧嘩になる」と言われていたので警戒していたのもある。事実、これも正解で何度も胸ぐらを掴み、テーブルの上のグラスを倒してきた。謎の根性の見せ合いで、風知空知でお互いのアイフォンを地面に叩きつけて割り、次の日に同じ最新機種を買いに行ったこともある。

何より大きかったのは、付き合っていた彼女がかぶっていたことだった。大阪の名村造船所跡地でFlying Lotusを見に行き、ドラゴンボールの格好をして奇怪なスピリチュアルジャズの上で爆踊りしていたら、その娘にナンパされて、外のコンビニでガリガリ君を食べた。花粉症で鼻水を垂らしながら、まだ少し肌寒い四月の中でたくさん話をしたことを記憶している。その娘とはしばらく一緒にいたのだけど、ある日横でこう呟いた。

「わたし先月まで踊ってばかりの国の下津ってやつと付き合ってたんだよね」

「ふーん、知らない。なんか草食系バンドのやつでしょ？　俺、歪んでないバンドとかダメだから」

それからしばらく経ち、その男がまったく草食系ではないことも知るし、わたしの人生においても大きな出会いになることを知る。


二〇一二年一月十一日、GEZANは東京に拠点を移し、はじめてのワンマンを渋谷のO-nestで行った。お客さんはまずまず入っていたが、力みすぎた我々の演奏はお粗末なもので、終盤に向かってあからさまな形で減速していく。終演後、楽屋に戻ると、本来なら来てくれた友人や招待していた人なんかに会いに行かなければいけないのだが、どうしても腰が上がらず、椅子に吸い込まれ、頭を垂らし、汗をかいた服を着替えることもせずに、ただ重力に任せて、その場から動けずにいた。

天井が吹き抜けているフロアでわたしを探す声が聞こえてくるが、わたしは耳を塞いで目を閉じ、顔向けできない自分の弱さと失敗を悔いていた。しばらくするとその声は減っていき、関係者だけになった頃、下津は楽屋に来た。ライブには間に合わなかったというが、下津はわたしの顔を見るなり「お前もっと鈍感になれよ」、開口一番そう言った。わたしのその顔を見て、一瞬ですべてを理解したのだろう。

「東京でやっていくなら自分を守らな生きてかれへんで」、そう付け加えた。

わたしは同じ速度を生きているやつにはじめて会ったと思った。その速度を生きているやつにしか鈍くなれという言葉は使えない。もらった言葉はその晩、なによりやさしく響いた。

次の日、阿佐ヶ谷のわたしの家にアコギを持ってきて「俺の歌を聴いてくれ」と言い、頼んでもいないのに弾き語りをした。次にわたしもうたわされ、交互に何度もうたい、照れたりして相当気持ち悪い時間だったけど、なんにせよ最短距離で互いを知った。駅までおくり、さよならする頃にはもうよく知っているやつになっていた。夕暮れの差し込む時間、親友といっていいやつがホームで手を振っている。

それから数日後、代々木にあるステップウェイというスタジオに、下津に呼び出され、青葉市子ってやつがお前に会いたがっていると言われた。後で市子に聞くと、下津に聞かされたのとは逆の内容で、マヒトゥ・ザ・ピーポーってやつが市子に会いたがっていると言われたらしく、なんてお節介なやつだと思ったが、なんやかんやでそのお節介は青葉市子とわたしを出会わせた。

その日、ステップウェイの営業は最後で、古くなったビルが取り壊しになることが決まっていた。下津はそのスタジオの一室に住んでいたし、スタジオとしても利用していて相当な思い入れがあったみたいだが、わたしも市子もちんぷんかんぷんなまま、ただ傷んでいてさみしい影を持ったその場所が、まるで時代のついたため息のようで、一瞬で好きになり、なんとなくくつろいで存在できたことを覚えている。

「その曲は君の作った曲なの?」

「潜水艦の中のうみ」という曲をクラシックギターでつまびくわたしにそう聞いたのがはじめての会話だったと思う。その頃の市子はこれまたコミュニケーションに難ありで、下津よりも切実なレベルで、会話より歌を聴いてもらったほうが早いからという理由でいつどんな時もギターを背負っていた。そもそもその考え方自体に世の中との相当なるチューニングのズレを感じるが、その頃は必死だったのだと思う。会話はいちいち止まるので困ったけど、そんなまわりの空気などお構いなしに気持ち良さそうにうたうもんだから誰も市子の歌を止めなかった。そしてそんな歌を通した会話を体現したのがステップウェイの夜で、わたしと市子と下津で「まーらいおん」という曲を作った。わたしが回すコードの上で歌で会話をした。そんな夜があることを知らなかったし、本当に歌で会話できる人がこの世界にいることが嬉しかった。きっと二人もそうだったのだと思う。古ぼけて傷んだソファの上で世界が回りはじめる音を聴いた。その世界はとても小さな球体だったかもしれないが、たしかに世界そのものだった。

そうして夜が更ける頃には、終わりゆくスタジオ内の照明や機材を破壊しはじめた。ガラスを割ったり電球を割ったり、それは意味もないし、何も生み出さなかったけど、ただただその喜びを解き放つようで気持ち良かった。はじめて出会った夜の季節は歌が記憶しているから忘れない。二月のことだ。

それから毎週、遊ぶようになった。市子が持ってきた子ども用のギターをつまびきながら、居酒屋で路上で、所構わず、酒やけでしゃがれた声でデタラメな時間のことをレコードしていった。夜に酔っ払った勢いでストロボスタジオのZAKさんのところに録音しにいったこともあった。二十四時を回っていたのにZAKさんは快く録音してくれた。

「おー。なんか水蒸気がシューシュー出てるぞ」

ドブ川育ちのわたしも下津もそんな綺麗なところで録音したことなどないものだか

ら目を丸くしてドキドキしたし、借りてきた猫のようになり、敬語を一生懸命使ったりして、毒を自ら抜き、涙ぐましい努力によっていいやつを演じきった。

今、その日の音を聴くとまるでレクイエムのようで、あらかじめ終わっていくことを知っている音や言葉たちが甘酸っぱくそこで直立し、震えている。レコードという言葉の意味はこんな時間を捕まえた盤にだけ許されているとあらためて思う。


わたしは市子とNUUAMMというユニットを組み、日本中の綺麗なところを回った。上げ出したらキリのないほど、いろんな景色をめくり、音を編んできた。市子の声は本人がイメージする以上のメッセージを背負っていることがあり、うたい手としての市子の声は紛れもない天性であり、努力では到底追いつけないところまで聴くものを連れていく。わたしはその横でこの声を聴き続け、喉をしめたような自らの声質へのコンプレックスに落ち込んだこともあった。おかげで自分はかわりの能力を手にしていった。今タイプしているこの文章だってそうかもしれない。わたしは羽ではない方法で空を飛ぶことを覚えた。

だけど、時間というのは残酷だ。そういった経験は今までだってたくさんしてきたけど、過ごしてきた濃度が濃い分だけその残酷さは加速度を増す。二月のおばけのライブは毎年恒例だったが、その溝は無視できないほどの深さになっていた。そこに特別な理由なんてない。この三人の間で自然と広がった距離は、そのままそれぞれが過ごしてきた別々の時間だった。生きているのだから当たり前のことだと思う。

わたしはジントニックを飲み干し、もう練習は止めようと言った。そのかわり、最近二人がどうしてたか教えてと伝えた。驚いた顔をした市子と下津がギターを置くと、さきちゃんがおかわりのお酒を持ってきてくれた。その晩がライブ前に三人で会える最後の日だったけど、お互いの近況とか悩みとかを聞いて過ごした。ゆったりとした時間が流れる。

お客さんは練習をして楽曲の完成度が高いほうが喜ぶのかもしれないし、プロフェッショナルという観点なら当然こちらを選ぶけど、わたしたちの間で変わった距離を取り繕い補正するよりも、そのことを受け入れて、今ちゃんと関わるほうがおばけらしいなと思った。何か目的があって生まれたわたしたちでもないのだから。距離は離れても、向いている方向がバラバラでも同じ世界を生きている。

その日は楽しかった。帰る頃には普通に笑っていた。あの頃というやつは誰にでもあって、美化された思い出は自分たちを追い詰める。きっと今こうやって笑っていることだっていつかの未来では胸が苦しくなるくらい尊い時間なのだろうと思う。だけど、わたしは関わることをやめたくない。例えばそれが魔法が解けていくような時間であっても、わたしは生きて、存在して、繋がっていたいと思う。

ゴミ袋からネズミが躍り出て、路地に向かって走り抜ける。青いカラスが電線の上で吐息を漏らしながら街を見ている。その他に生き物がいない朝方の下北沢を、ギターを背負ってだらだらと歩きながら、わたしたちは手を振って別れた。次のライブのリハの時間を叫び、また会う約束をして。

# 唾ではなく翼で

ＧＥＺＡＮのメンバーとカメラのでるおの五人でアメリカ西海岸ツアーに出て数日が経った。すでに肉料理には飽きてホームシックを爆発させるわたしは悶えていた。

サンタクルーズは本当にサンタクルーズの服を着ている人が多くて驚く。スケーターファッションとして認知していたそれは街のごく普通の風景として溶け込んでいる。I LOVE NY のような観光客向けとはちがう。

まずはライブでズダズダになった服をクリーニングするためにコインランドリーに向かうと、売人たちの取引所になっていたようで、昼間から宇宙と繋がってる系のぶっ飛んだヒッピーが物珍しそうに長髪のわたしに話しかけてくる。

「いくら持ってる？　いくつほしい？」

そのイカれたじーさんはもってるバッツの匂いを一つ一つ嗅がせて嬉しそうに笑い、

しっかりぶっ飛んでいた。

「へい、日本にはこんな最高なのないだろう?」、しばらくすると店の人に追い出されて外に消えて行ったが、五分後再び同じテンションで入店してきて笑えた。

洗濯物が乾くのを待つ間、横の公園でバスケをしてるのが見えてなんとなくでるおと向かってみる。公園の入り口で警戒しながらわたしを見ている黒人と白人。しばらくすると白人の彼がボールを渡してくれたから、二人でプレイする。彼もなんらかでキマっているのか、ルールのあやふやなそれは、はたから見ればちょっとあべこべでおかしなワン・オン・ワンだっただろう。

不思議な空気だが、スポーツは瞬時にコミュニケーションのツールになる。わたしは日本からパンクをしにきた。なんて話してたら、彼はラッパーなんだという。コラボしようぜと熱く肩を組んできたのは、すぐに丁重にお断りした。汗をぬぐいそろそろ帰ろうと思っていた時、悲しい光景を目にする。横でジョイントを巻いていたまた別の白人が、入り口に座っている黒人の男に誹謗中傷の言葉を浴びせ、顔に唾を何度も吐きかける。何度も。わたしは映画でしか見たことのない種類の差別の現場にたじろいだし、何より悲しかったのが、黒人の彼が抵抗することなく、ただその唾を浴びていたこと。わたしたちの世界でそんなことがあればすぐに胸ぐらをつかんで殴り合いがはじまるだろう。ただそのことを普通の景色として受け入れてることが何より悲しかった。陽気な気候に浮かれて、ピースな側面ばかり見ようとしていたアメリカの、しっかりと流れている裏側の嫌な空気に胸が詰まる。

黒人の横を通り過ぎた時、彼の頭上にだけ雨が降っていた。その鉛のような鈍色《にびいろ》の雨と重い表情を忘れることができない。信号を待っている間、別の物乞いが二十五セントくれよと話しかけてくる。わたしたちは今、アメリカにいる。

今日プレイするのはSub Rosaというアートスペース。オープンすると次々とやってくる人のオーラで何か特殊な場所であることを皮膚が感じ取っていた。女装する人やレズビアンやゲイのカップルが何人も来店する。看板を見ると腑に落ちる。このライブラリーはセクシズムやレイシズムに対する一つのシェルターになっていて、LGBTQの逃げ場として解放されているようだった。春の風に乗っかって淡い空気が流れてくる。昼間に見たあの景色から、この街には人種差別や性差の問題が深刻に存在することを直感する。

一組目の心が女の子のシンガーがアコースティックでうたいはじめた。別の街のサグな場末のパンクバーで、ビールを浴びるように飲んでいた太ったパンクスがわたしたちを神のように扱った昨晩の現場とは真逆の柔らかい空気にたじろいだが、川の水が石を避けるように、深呼吸してその日の空気に骨を浸らす。蓋を開けてみれば、小さな音でもロックしたと思うし、「Absolutely Imagination」でシンガロングが起きた時、音楽の可能性にシンプルに感動した。こういう環境で音を鳴らすことは、その曲たちが本来持ってるまた別の可能性を曲自体が知っていく貴重な機会で、新しく見えはじめた側面に一つ一つの曲が喜んでるみたいだった。そして、我々のライブが終わった時にずっと泣いていたあの子は、何を思っていたのだろう。その表情のことがずっと胸に残っている。わたしはその一つ一つを取りこぼさないようにしたい。

あと髪の毛をやたら褒められた。褒めてくれたらただ、嬉しい。

夜はそのSub Rosaを運営しているデイルの家にステイさせてもらう。九人と一匹の犬と猫との共同生活は日本のルールとはどうしたってまったくちがう。夜はご飯に餃子を焼いてくれて、ハンバーガーに白目を剥くほど飽きまくってたわたしたちは凄まじい速度でたいらげた。がめついほどに、音速で動くフォークは餃子を突き刺していく。考え方のちがう人たちが普通に暮らしている。そのことにただ安心する。世界は思っていたよりも広いことを情報ではなくちゃんと知れるのはわたしにとって翼だ。唾ではなくその翼でわたしは音楽を使ってまた会いに行く。すべてのレイヤーを超えたい。絶望なんてしている暇はないもの。

# 今日もわたしがわたしであり、あなたがあなたである限り

犬にカメラを向ける。すると決まって目線を避け、たじろぎ、一歩または二歩と後ろに下がる。これはアメリカでの話。

現在、バンドで一か月の西海岸ツアーに出ているわたしが思い出やSNSなんかのために、フィルムカメラを向けた際、決まって起きたことだ。

最初はただその犬の性格だとばかり思っていたが、リスも野良猫も決まって同じ反応をするものだから印象は徐々に確信へと変わっていく。

わたしは思い出していた。

日本よりは数の少ないコンビニで、色とりどりのチップスや蛍光に発光したドリンク、コーヒーやサンドイッチなんかと一緒に拳銃の弾丸が売られていること。

非常にフランクな佇まいで、その弾たちは棚の上に鎮座していた。

コンビニエンス。

便利な、なんてうたわれる場所で殺しのための鉄の塊がすまし顔で売られていることには驚かされた。日用品のように購入可能なのはそれなりの需要があるということだろうか。

カメラは拳銃とよく似ている。それを向けられた時、猫ちゃんやワンコの深層心理にその恐怖が刻まれているからじりじりと後退するのではないか。あくまで想像でしかないけれど。

カメラを向けられ怯えた経験のないワンコもDNA上に刻まれているのではないだろうか。わたしはつぶらなビー玉のような目が水面の波紋のように揺れるのを見ながら、そんなことをぼんやりと考える。


酒場で盛り上がって、一緒に車の助手席に乗り込みクルーズしたスケーターのショーンは、カメラを向けるでるおに対して、「許可なく撮ったらこの街では頭をたたき割られるぞ」と言い、胸ポケットからハンカチでも出すようにメリケンサックを取り出した。

そのあまりに慣れた手つきに車内のわたしたちの間に緊張の糸がピンと張られる。Burnsideのスケートパークに着くとショーンの紹介ってこともあって、すぐに皆と仲良くなる。

「THRASHER MAGAZINE」なんかで見たことあるプロスケーターも多く滑っているなか、お土産に持っていった安い十二本のビールはものの一瞬で十二回のタブが開く音を発し、空っぽの缶となって荒廃した道路に寝転がった。気温はさして日本と変わらない。いい感じのクルーズ日和だ。

Burnsideの前に駐車したバンに住んでるボブは、仲良くなった挨拶にとシャンプーやEVER GREENとタギングされたベースボールキャップ、それとボロボロのオレンジ色の151Skateboardsのパーカーをくれたから、わたしは着ていたものを脱ぎ、その場で袖を通す。

彼のスケボーのデッキはウィールが外されている。彼のまわりの仲間が、滑ったら危ないからと取り外したのだ。ボブはこのスケートパークのレジェンドだったが、ドラッグで身を持ち崩した、五十二歳。今もスケートパークを離れられない、そんな生粋のスケーターだった。

この街のパークがいかに最高なのか、彼の住むフロントガラスの割れたバンの中で楽しそうに話してくれた。

「俺はどうせもうすぐ死ぬけど最後までスケーターとして生きるんだ」、濁っていない目で朗々と語った。誰かにとって何が幸せかなんて誰が決められるだろう。

彼と仲良くなって、好きなパンクバンドの話なんかをしながら何時間か経った後、バンの外に出て別のスケーターとくだらない話をしていると、どこからかやってきたスケーターに「なんでお前は俺のパーカーを着てるんだ？」と出合い頭に言われ、不穏さ満開の危険な状況に陥る。

「ボブ〜〜〜この人すげー怒ってるよ〜〜〜。くれたやつは自分のパーカーじゃないのかよ〜〜〜」

なぜかそんな時に限ってボブはどっかに消えてしまったし、スラングを唾に混じらせ吐き出すスケーターは早口にまくし立てる。

気持ちはわかる。盗まれた自分の服を知らない日本人が着ていたら、「どういうこと？」って、カチンとくる。

つたない英語でわたしが状況を丁寧に話していると、ボブならしゃあないとうまく伝わり、事なきを得る。

少し焦った。

この感じで生きてたらいつかは死ぬなーなんて帰り道のバンで外の流れていくグラフティをぼんやりと見ながらそう思った。

この世界にはいろんな価値観の人がいる。

わたしがポートランドに入り、第一に驚いたのはその数センチ開けられたバンの窓から吹き込んできた海辺の街の春風、視界に浮かんだ桜の淡い色。

その二つは日本の風情ってやつともよく似ていた。

日本にしか桜はないと勝手に信じ込んでいたわたしの脳。そのことをポートランドの友人に伝えると、「ワシントンの桜が世界で一番綺麗だよ。日本で見たそれよりもね」なんてことを彼の口はひょうひょうと語った。そんなまさか？　なんて思うけど、大きな川沿いではたしかにお花見をしてるし、春のうららかな楽しみ方は、大味だと思っていた米国人も熟知しているみたいだ。

でもこの州は外でお酒を飲むことを禁止しているから、お花見と言っても、花を見て仲間と語り合うだけ。いや、マリファナは合法だから、みんなで回しながらそんな感じで春の彩をしっかりと楽しんでいる。

日本でのマリファナの扱われ方を伝えるとひどく驚かれる。こっちの街では、街おこしのアイテムとしてマリファナを前面に押した公的なプロジェクトなんかも道を走っていると目に入る。

だからと言って、日本でも吸っていこうという活動家の気質は自分にはまったくなくて、ただの事実。ただのちがいってやつ。

常識ってやつは音もなく血に溶け込み、体中の赤血球とともに一七〇センチの体内をクルーズする。よく「マヒトは常識に縛られてなくて」なんて枕詞のようにつけられることがあるけど、常識に縛られない人なんていない。

生きていて、見ている景色が知らぬ間に常識となり、気づいた時にはそれが常識と気づかないくらいに意識のまわりにまとわりついている。一億三千万人いれば一億三千万通りの常識が存在する。

多数決で正義や倫理、後にルールが決められていくが、それも世界の、宇宙の多数決をとってみれば、その結論が同じかどうかはわからない。

各々が誇りをもって、その見ている景色を愛せるか、それ以外にこの世界に絶対の法則など必要ない。

世界にはいろんな価値観の人がいる。

黒人の顔に吐きかけられた唾の泡、侮蔑する白人の細い目、心が女の子、言葉などわからずになついてくる犬、LGBTQのシェルター、本屋のオーナーとその彼氏、街の落書き、メキシコ料理屋でGEZANの曲をかけてくれた親父さん、退屈すぎて気が狂いそうなパンクス、日本のWANTOが好きなライター、万引きで暮らすスケーター、ドネーションセンターで食器や服を見ている主婦、試着に悩んでる太っちょ、高速道路の入り口に必ずいる物乞い、狭いバンでツアーを回る極東のバンドマン、誰かの生活を否定などできない。

この世界に優劣などなく、ちがいがあるだけ。それぞれの正しさとそれぞれのやさしさでこの世界がまわっている。そう思えないような最低な時間のことも知らないわけじゃないけど、そう思う。そう思いたい。

汚い毛布にくるまって咳き込む、タトゥだらけの老いぼれたスケーターの生き様を誰が否定できるのか。ボブはそのウィールのない、滑ることのできないスケボーのデッキを片時もはなすことはなかった。

日本は、今どんな時間が流れているだろう。月を見ながら考える。ふいに海風のように運ばれてくる懐かしい匂いに胸の奥が苦しくなる。春はいつだって自分をセンチメンタルにする。たいした思い出なんかないくせにね。

今日もわたしはわたしを生きたい。オリジナルでもフェイクでもいい、ただわたしであればそれだけでいい。ボブがそうであるように、月が太陽に憧れることはなく、夜にだけ輝くように、わたしはわたしを演じきる。

あなたがあなた自身である限り、誰にも負けることはない。

この言葉だけを信じて窓を開ける。

今日も新しい街へ。

# 政治の話は人々の血でできている

西海岸ツアー後半に訪れたFlagstaffは小さな街だった。シルバニアファミリーのような可愛い街並み、一時間もあれば街を一周できる。パン屋さんの小麦粉をこねる匂い、学校帰りの大学生、デートする老夫婦。最初の印象はそんなところだ。街を散策していると、グラフティやストリートアートがポリティカルなメッセージを多く発していることに徐々に気づいていく。

「native」と書かれた壁、体の溶けた赤ちゃんの造形、ミサイルが飛び交うなかでひきつったトランプの顔面。これらを見ながら散策していると可愛かった街が同時に多くの闇を抱えていることに気づく。撮影担当のでるおとさらに歩くと、アジア人が物珍しいのか、陽気に話しかけてくるネイティブアメリカンのおばちゃん。でるおがふいにカメラを向けると、左手でレンズをさえぎってしまう。

大阪西成のドヤ街でも、同じようにカメラを執拗に嫌がる。その大きな理由は前科や、過去の犯罪、何らかの理由で逃げている人が多いからだと、西成の三角公園でおっちゃんに鬼殺しを飲みながら教えてもらったことがある。おそらく、それもあるだろうが、このツアーででるおが回し続けるカメラを反射的に嫌がるのは、迫害を受けている人種だということに感づいていた。とある場所では黒人が、とある場所では中国人が。軋轢から逃れるためなのか、様々な表層をしたコミュニティが街の至るところで形成されていく。黒人街、中国人街、コミュニティをもって自分たちを守る。

このFlagstaffでもそれは同じようだった。ライブに来てくれたネイティブアメリカンの親子は、わたしたちの関西時代からの友人の恋人の親戚で、その晩、そのネイティブアメリカンの家にステイさせてもらうことになる。彼らの住むアパートを囲む団地もネイティブアメリカンの人たちが集まって暮らしていた。ただ、そこには目立った悲壮感はなく、隣接されたバスケゴールで遊ぶガキンチョやチョークで書かれた地面の落書きは、名古屋刑務所の管区で育ったわたしの小さい頃と何も変わらない。空の星はうじゃうじゃとうるさいくらいだったしね。ここでの暮らしも案外悪くなさそうだ。

それでも昼間のグラフティやカメラを向けた際のおばちゃんのことが気になって、

ステイ先のママ、バブルにいろいろと聞いてみた。バブルが言うには、小さい頃は電気もなかったから火を使って暮らしていたし、水道もないから井戸で水をくんで生活していたそうだ。それが昨今では急速に変わり、にぎやかな食卓ではやんちゃな小僧が早くアニメが見たいと口からコーンフレイクを床にこぼしている。

時代は変わる。

それは変えられない。守らなきゃいけないような伝統が消えても仕方ないとは思わないが、生活の圧倒的な便利さを外の人間が否定できるわけもない。

そんな話の流れからネイティブアメリカンにロックバンドはいるのか？　なんて軽いノリで聞いてみた。すると、BLACK FIREというレジェンドが近くに住んでいるから会いに行こうとバブルは言った。正直に言うと連日のライブで疲れていたし、名前のださから音楽的に期待できなそうで乗り気じゃなかったが、言い出したのはわたし。昼下がり、皆でゾロゾロついていくことにした。

その場所は団地の一角にあり、PROTECT THE SACREDと銘うたれていた。

「隠されしものを守る」

どういう意味だかさっぱりわからなかったが扉を開けて一瞬で理解する。パンクスが運営するシェルター的なコミュニティスペースだった。わたしもパンクスの端くれとして、そういった場所に足を踏み入れたことは何度かある。パンクのフラッグやデモ行進用のプラカードに拡声器。どれも既視感があった。

ただ、音楽好きが集まるというよりは地域のネイティブアメリカンが集まるコミュニティスペースとして運営されているようで、週に一回の昼ご飯がふるまわれるその日、来ているほとんどはホームレスだった。

場所のオーナー、クレーは綺麗なまっすぐの目をしていて、わたしたちのことを皆に紹介し、歓迎した。ヤギ肉のスープなど、グランドキャニオンの近くでとれたという食材で作った郷土料理がふるまわれるなか、渡したGEZANのテープが再生される。「Wasted Youth」が大きな音で流れるなかで皆が熱々のスープをすすっている。異様な光景だ。

和気あいあいとした談笑、お前らは人気者なのか？　今度はここでライブしろよな？　カメラに向かってピースサインをおくるお調子者。謎に気に入ってくれたようで、毛のふわふわな帽子やら、黒曜石のペンダントなど次々にプレゼントしてくれる赤いシャツのおばあちゃん。流れる柔らかい空気に安心する。ヤギの汁は湯気をあげて談笑に色を添える。たとえBGMでも、わたしたちも音楽で彩を添えられたことに感動する。

そんな空気を切り裂くように、男が突然立ち上がり話しはじめた。クレーは慌てて、テープの再生を止め、ざわついていた部屋は男の声だけになる。さっきまでイーグルと肩を組んで音楽の話をしていたネイティブアメリカンの男だった。早口でまくしたてるため、内容が今一つつかめないが、先ほどとは別人のような硬く怖い顔をしていた。

男は最後、拳を突き上げて、今こそ白人と戦うべき時だと言った。間髪いれずに複数の手が挙がり、話しはじめる。どんな目にあったか、どんなひどい仕打ちにあったか。また別の男が手を挙げる。凍り付いたフロアに怒号のような呻《うめ》き。わたしたちはただ圧倒されていた。インディアンのシャツを着て、サングラスをかけた男が立ち上がり語りはじめる。

「妹が殺された」

男の怒りと悲しみに震える声、涙を殺しながら語る。プレゼントをくれたおばあちゃんがつぶやく「I'm sorry」。

なんで彼女が謝るんだよ。

彼女が着ている赤いシャツはまだ捕まっていない犯人とその殺された妹のことを忘れないためのシャツだった。「彼女は友だちだったんだ」、そう言いながらわたしに向かってシャツを見せた。

胸をはい回る憎悪と悲しみ、理不尽の嵐、頭を垂らし、ただ悲しい塊になることしかできないわたしに、彼女はありがとうと言い、手を握ってくれた。その掌は温かくて、こらえきれずわたしは泣いた。

皆が民族の歌をうたいはじめる。涙を流しながらうたう。わたしは「君が代」を泣きながらうたったことなど一度もない。コミュニティに疑問を持ち続けてきたが、集まることでしか乗り越えられないそんな種類の悲しみもある。

先ほどまでの和やかさなど微塵もなく、言葉もほとんどわからないが、その色や表情から彼らの傷の深さをえぐられるように感じていた。

彼らはNO RACISMと書かれた旗の前で「世界は一つだが、白人はＮＯだ」と言った。それは矛盾だとわたしの口からは言えなかった。民族の歴史を知らないわたしに付け焼き刃の平和を諭す権利などない。その正義の裏側で傷つく可能性がある人がいることを想像せよなどとは言えない。歴史を交えた悲しみを前にして、偏りつくした一言が内側から湧き上がってくる。それは今まで、言葉にする人のことを軽蔑してきた一言。

「ぶち殺せ」

そいつらにも家族や恋人がいて？　知らねえよ。そう言ってあげることがやさしさになりうる現場にいた。過剰で異質な空間だが、まさしく現実の世界にあるそんな場所での話だ。世界は一つなんかじゃない。平等でも平和なわけでもない。悲しみに蓋をして、ないものにして、のうのうとインターネットの前で綺麗ごとを並べるだけのそんな自分に吐き気がする。

わたしはただ悲しい塊になって歩いた。バンの後部座席でぼんやりと景色を見ながら、次の街へと体が運ばれる。

混乱している。心が泣いている。

新しい仲間ができた。ポートランドの友人たちともＬＡで再会する。ツアー初日に遊びに来たやつ、対バンしたやつらもまた会いに来てくれた。

白人だ。

PROTECT THE SACREDでネイティブアメリカンが今こそ戦おうと拳をあげていた、その対象。

混乱している。

正義がたくさんあって困る。やさしさに種類があって困る。好きな人がいっぱいで悲しくなる。

Flagstaffの壁に、とある言葉がタギングされていた。カメラを嫌がったネイティブアメリカンのおばちゃんと会って三十秒後の壁だ。

今はその言葉をここには記さない。反抗か抵抗か、胸にひっかかって抜けないその言葉がわたしたちの録音したアルバムのタイトルになる。

# 今日のヒーロー

晴れた日には、家の向かいにある竹やぶと神田川の間、そこに二つ設置されたベンチの上でコーヒーを飲み、たばこの煙を肺に入れたり出したりしながら、ぼんやりと時間を過ごす。

このベンチの常連と言えば、七十歳くらいのじいさんとわたしの二人。じいさんは先に座っているわたしを見つけるとおはようと挨拶をし、丁寧すぎるほどの言葉遣いで、横、失礼しますねと言葉を置き、立ち去る時にはお先に失礼しますとまた言葉を置いていく。じいさんはただ、横でぼんやりと川の流れを見ているだけで、散歩コースか帰り道か、停留の目的は足を物理的に休めているといったところだろうか。

アメリカで喧騒にもまれすぎたせいか、帰ってきてからは人から少し距離を置いてただ季節が流れていくのに身を任せている。多分、わたしはまだ落ち込んでいる。

今日は雨だ。そういえば昨晩、眠る前から空気は灰色の厚化粧をして、鉛のように重力を携え、呼吸は浅く、その分だけ胸の奥もなんだかズシンと重たかった。体が小さかった頃からこんなにも気圧というやつに敏感だっただろうか。なんてことを思うが、あいにくの雨ですなんて残念がるほどに嫌いでもない。ただ、わかりやすく落ち込みやすくなるだけ。精神が落下していく放物線を、水滴が窓ガラスに当たり流れ星のように落ちていくのと重ね合わせる。わたしは今日も何だか存在してるっぽい。

最近は、竹やぶの下のベンチで、本を読むのが日課になっていたが、雨だから仕方がないと、部屋のベッドの上で、昨日の続きを読みはじめる。柳美里《ゆうみり》さんの『ゴールドラッシュ』。鋭い感性と詩のナイフの絶え間ない持ち替えに普段使っていないであろう肉の裏側から内面をえぐられる。えぐられた箇所に湿った空気が差し込まれる。

ページをめくり、文字を目でなぞっていると、右目と左目の視力がちがうせいか、ぼんやりとした灰色の霧が目頭から発生して、文字は蟻の行列、ベッドの上で足を伸ばした体勢のわたしはそのまま小さくめまいを起こす。どのくらい時間が経ったのか、窓の外の明かりはほとんど光として意味を持たないほどに光量を失いかけていた。部屋の電気だけでは、文章を読むには足りない。

天井のシャンデリアの電球が二つほど切れているのに気づいたのはその時だ。いつ頃に切れたのか、わたしはきりのいいところでしおりをはさみ単行本を閉じ、財布をポケットにいれて部屋を出た。雨は止んでいたが、いつでも降り出しそうな危うさを重たい雲の奥に抱えている。

何も食べてないな。そう思ったのは下高井戸の唐揚げ屋の前を通った時で、油の匂いが胃の入り口で空腹を管理しているおっさんの居眠りをゆすり起こした。一度意識してしまうとそれから逃れるのは難しく、本日二度目の緩やかな立ちくらみを経験するが、電球を買う前に唐揚げ弁当を買っても冷めてしまうし、何より、今は三割引きのセールをしている。時間がさらに経てば半額の値札が貼られることを知っているわたしは帰りに唐揚げを買おうと、ペダルを漕ぎ車輪を前に進めた。

なんだか、時流の見えているクールな主婦にでもなったような謎の高揚感にときめきながら自転車を滑らせる。

日用品などが売られている雑貨屋の前に自転車を止め、ラジオだろうか謎の四つ打ちミックスが垂れ流される店内で電球を見る。あ、そういえば、型がわからない。ワット数の他にも口径がある。そりゃあそうなのだけど、ほら、そこまで計算づくしで生きていたら息も詰まってしまうし。誰も聞いてやしない弱気な言い訳を胸の内でこぼしながら、部屋のシャンデリアの光をできるだけ正確にイメージし、手のひらの上で可視化する。

デキる主婦に言わせれば、ここで引き返すか、またの機会にするほうがいい筋なのだろうが、ヤリ手の主婦部分は爪の先のわずかな箇所のみで、おおよそが勢いと勘に頼った雑なパンクスでできているわたしは、当てずっぽうで電球を二つ手にしてレジで小銭と交換をする。

変な神経を使って疲れてしまった。ご褒美が必要だ。その欲望のまますすることつみやへとほとんど意識のない状態で歩を進める。

おばあちゃんが二人、ゆっくりそれはゆっくりと焼くものだから、わりと行列ができている古いたい焼き屋。こういうやり方で流行ってる感じが出るのも珍しいと思うのだけど、やはり味だ。大雑把に切られた外のカリカリに包まれた甘い餡子に、なんとも言えない人懐っこさがあって、わたしにはとっておきのご褒美なんだ。

片手でたい焼きを頬張りながら自転車を引き、駅前を通過する。ちょうど鯛が丸々一匹、消えたところで、唐揚げ屋に着いたが、まだ半額セールになる前の三割引きのままだった。

イカした主婦になるにはまだ先は長いみたいだ。小腹も満たされてはいたけど、なんだか悔しいけど、絶対にお腹ってやつは空くのだから、唐揚げ弁当を一つ買って袋に入れてもらい前かごに入れて、自転車を進める。

甲州街道を渡るために信号待ちしていると、大きな風がうぉんと吠えて、青い五月の葉を揺らす。それを見ていた横の小学生くらいの男の子は風が通り抜けた後の歩道橋の上に向けて手を伸ばし、手首をすっと一度ひねって元の位置に戻した。風の角度が変わったのか温度が一度くらい下がったように思う。

見なれない光景。その唐突な美しい体の動きに一瞬だったがたしかに見とれた。すると、後ろから同じくらいの背丈の男の子が少年を追い抜き、視界にしっかりと入ったところで手話で会話をはじめた。そうか、ここは盲学校の通学路になっている。とすると、さっきのは独り言にあたるような動きだったのだろう。

「あ、風が吹いた」

その程度のことだったのかもしれない。聞きなれない鳥のさえずりでも耳にした時のような、何でもない時間に救われた気分になる。単純にその動きがかっこよかった。案外、本人にはどうってことのないことが誰かの足場になっていたりね。別に何かを生み出しているわけでもない、昨日と今日の境界が曖昧な一日でもちゃんと生きている。

需要と供給だけですべて方がつく世界で毎日ができているわけではないと知ることは、わたしにもう少しだけ人間として生きてみようという気分をくれる。

ヒーローはランドセルを背負って、皐月の風の下、信号待ちをしていることだってあるのだ。

# 光葬

蜂は怖がってるやつから順番に刺すんだ。

仰向けで痛みに歯を食いしばってるやつに言うかね？　のぞき込むじいさんの鼻から伸びた白い鼻毛を見ながら思った。


五月の終わり、冷や汗は毛穴の真ん中からじわりと噴き出る。

雀蜂に二度刺されると死ぬことがあるのは、一度目の時にあまりの衝撃で体内で免疫の抗体ができすぎて、二度目に刺された時、その自らを守るために作った抗体にやられてしまうからだそうだ。アナフィラキシー。

三度刺されても死んでいないわたしは、免疫が弱いのだろう。事実、それから二十年間、幾度も風邪をひきたくり、己の体の弱さに苦戦することを、まだ体の小さい、雀蜂の毒で苦しむ少年は知らない。

ただおかげで、お弁当を神社でつつきながら、まわりを飛ぶ雀蜂に動揺せず、箸を止めずにすむ。

言葉もそうだろう。言葉を怖がっている人こそ、言葉に当てられる。ツイッターにうんざりし、距離をとったところで言葉のない世界に逃げ込めるわけじゃない。不必要に研ぎ澄まされた言葉の刃はネットの海を飛び交っている。


毎年、桜が散り夏への準備が加速するこの時期に、家のまわりの止まり木には渡り鳥が羽を休めに集まる。

どこか向かう場所があるのだろうか。ちゅんちゅんだなんて可愛く鳴くレベルをとうに超え、蛇口をひねり勢いよく水を出し、ステンレスを打つその箇所に耳を直付けしているような、まぁ、喩えるならそんな感じの声。

とてもじゃないけど騒々しくて容易には応援できないし、なんだか混乱したままの自分の頭の中を見せられているみたいで少し、というかかなりイラつく。

何をそんなに騒ぐことがあるのかとも思うが、鳥にも人間がそう見えてるにちがいない。ライブの時のわたしなんて、もう、何をそんなに叫び散らかしているのか、気でも狂っている人間のサンプルとして鳥界での「世界まる見え」的ポジションのテレビか何かで放映され、お茶の間を賑わせている可能性だって十二分にある。

テレビ番組ついでに言うと、「笑ってコラえて！」なんかをたまたまでも見るといつも腹痛になるのは、煮え切らない日々を思い出すからだろうか。十分でも見ようものなら具合がうんと悪くなる。どういうわけか拒否反応を示してしまうものがこの世界には散らばっていて、それは決まっていつかの記憶と結びついているように思う。

その煮詰まった学校時代を象徴するのが、特に好んで見ていたわけでもない「笑ってコラえて！」なのも不思議だけど、そういう設定は選べないようになっているのだろう。

自分の過去の恋愛や友だちを思い返しても、好きだった順番や仲の良かった順番でその顔や仕草や行動を覚えているわけではなく、むしろ特定の名前のついていない曖昧な季節の中のなんてことのないシーンが妙に記憶として焼き付いていたりするから、脳みそというコンピュータはでたらめだし、愛嬌がある。

保育園のフェンスのサビの匂い、「ウォーリーをさがせ！」に全部鉛筆で○をつけてしまう年長生の上履きの黒ずみ、プールサイドのかじったビート板の感触、塩素を指でなぞり、無意味に膝小僧にこすりつける。

クラスメイトの名前なんてほとんど覚えてないし、転校の多かったわたしはどの地域の小学校だったかすらももはや思い出せないが、消しゴムを弾《はじ》き合い、机から落ちたほうが負けというシンプルなゲームに、クラスでも地味で名前を思い出すのも一苦労の冴えないメガネ君が、画鋲《がびょう》を四方につけたヤクザなスタイルを発明して消しゴムバトル界に緊張が走った朝のことは忘れられない。

金ピカの画鋲で武装した消しゴムのビジュアルは相当にインダストリアルでいかつく、とびきり目立ちはしたのだけど、戦闘力はあがっておらず、肝心のバトルでは拍子抜けの敗北を喫した。一発逆転で威厳を手に入れようとした地味なクラスメイトは、静かに輪の中から引き、自分の席に戻って、接着剤でつけたのだろうか、その画鋲を静かに消しゴムから剥《は》がしていった。

ちょうど五月の終わる季節だったんじゃないだろうか？　カーテンを膨らます新緑の匂いを覚えている。わたしはそのクラスメイトが剥がした画鋲を机の縁に四つ押し込んだのを見た。その時、彼はほんの少しだけ照れ臭そうに笑った。感動したわけでもないが、なぜだかその表情が残っている。

学校の話で言うと、「赤色彗星倶楽部」という映画を東京上映の最終日前日に見た。ストーリーは書かないけど、「不器用な青春群像劇」とあってわたしは首をかしげる。不器用と呼ぶにはセンスがありすぎたからだ。

大学の卒業制作で作ったというそれが数年の時間を経て、監督自身、気持ちが変わっていったのだろう。ソフト化や追加上映をしない決断をしたところからしてもそんな心境を外野は想像する。

でも、一度眩い光をまとったものは消えることはない。胸の内で風化されても、忘れ去られたとしても存在したことは変わりようがない。光は消えた後も光だからだ。ちょうど消しゴムの記憶のように。当の本人の意思とはちがうところで自分の生きた証は世界と関係し続けている。

消えていくものと決して消えないものの二つが映っている映画だった。そして流れた時間それ自体が一筋の彗星だった。

ピュアを武器に世界と対峙するのは本当に骨が折れる。この先、武井《たけい》佑吏《ゆうり》監督が変わっていくのか、変わらないのかそれはわからない。でもいつか、靴の中の爪先が示す先が未来だということ、そしてこんな作品をかつて自分が撮ったという事実に救われるだろう。

自分の手元を離れた時点でもうそれはその本人のものでなくなるのなら、きっと歌もこの文章だってそうで、だとすると今わたしは、証を残していることになる。それはちょうど遺書のような。

鳥のけたたましい鳴き声に揉まれながら、何もなかったように見えるそんな些細な、でもたしかに存在した一日を光葬するように、静かに遺書を書いている。

# 走馬灯とする雨宿り

ルームメイトのヒロシが出ていった。更新という謎めいた制度のそのタイミングで新居へと移り、新しい生活をはじめるのだという。

思えばずいぶん長いこと一緒に住んだものだ。二年前までバンドメンバー全員で暮らしていた方南町の下山ハウスの頃も、ヒロシはレーベルのCD在庫や機材などを置いた倉庫兼キッチンに住んでいて、それはもう生活と呼ぶには極めてギリギリの過酷な環境だった。

冷暖房は当然なく、物で溢れかえる室内に加えて、二階に住んでるGEZANのイーグルによって日々更新される気色の悪い創作料理は精神的にも相当に応えるものだったにちがいない。イーグルはよく納豆を湯がいていた。その悪臭たるや、階段を龍の如く駆け上がり、扉の隙間から忍び入ってくる。そのたびに、わたしは怒号を放った。ネバネバをとり除きたいなら最初から大豆を買ってこい。

大家さんがノックもなく入ってきては驚き慌てて、「キッチンは人の住むところではありません！」、そう絶叫する声が三階建ての一軒家にこだました。わたしは大家さんを全面的に支持する。キッチンは人の住むところではない。

下山ハウスの前にもヒロシとは友人の女の家にともに住んでいたことがある。ヒロシは所属するバンドGUAYSのメンバー全員と東京に出てきて間もない頃で、ちょうどわたしも家がなく、野良の猫のようにその日暮らしにさまよい歩いていた。二人して南阿佐ヶ谷の友人のワンルームに住まわせてもらっていたのだが、ヒロシはイケメンすぎて緊張して寝れないからという家主の生理感覚的な理由で、一人退去を余儀なくされた。わたしは複雑な心境を抱えながら継続してそこに住み、どんな理由だか忘れたが、しばらくしてから部屋を出た。

十二、三年前になるのだろうか、ヒロシとの最初の出会いがまたひどかった。道頓堀ではじめて会って、緊張して敬語で白々しい会話をしながらヒロシと横並びで歩いている時に、ひょんな理由で、堅気ではない本職のヤーさん十人くらいに怒号とともに追いかけられた。後にも先にも道頓堀の風を追い越したのはあの夜だけだった。そうでありたい。

パトカーに追いかけられたこともあった。パトランプの赤い回転とサイレン、止まりなさいの警告通り止まったヒロシと、むしろ加速して逃げ切ったわたし。後にヒロシは「俺はパンクス失格だ」と首《こうべ》を垂らしひどく落ち込んでいた。でもどれだけ尋問されてもわたしの名前は口を割らなかった。「横にいた髪の長い彼女の名前を言え」、そう言われ続けたらしい。これはヒロシという人格を伝えるのにちょうどいいエピソードだ。


六月、雨の気配。山形でのDO ITというフェスの後、ライブが終わって歩いていたら急に折れてしまった歯をアロンアルファで引っつけてみたのだが、やはり限界のようで、湿気た気配のたびに疼いてしまう。

最初、とれてしまったものは仕方ないと、ポーンと歯を放り投げて捨てたものの、神経がむき出しているせいで、息をするのも水を飲むのも激痛で慌てふためき、捨てた歯を必死で探し、やっと見つけたそれをつまみ上げ、便所で水洗いをし、元の位置に置いてアロンアルファで無理やりくっつけたのだ。

生活に支障がなくもない気がしてそのまま接着剤を信じた日々を継続している現在。

そんなに長生きなんてしたくもないし、痛みが約束された病院のような場所は、長く付き合っていく丈夫な歯のためだったとしても好んで行こうだなんて思えない。未来への投資を無意識に避ける退廃癖が昔からわたしにはある。しかし、雨の日は流石に応える。

横風に煽られた雨が吹き込みそうで、窓を閉めようと網戸を一度開けると、雀が錆びた鉄の桟の下で雨宿りしていた。こいつにも帰る家があるのだろうか。鳥の体は油分をまとっているから濡れないなんてことを小さい頃に聞いたことがあったけれど、その拳《こぶし》大の体はずいぶんと冷たそうにしている。

笹の葉は揺れ、鈍色の空が覆いかぶさった六月の十六時。昼間の食べ残したパンがあったと思い、カバンをゴソゴソとあさって、再び網戸を開けると雀はどこかに消えていた。わたしはちぎったパンを口に入れる。もぐもぐと疼く歯のない右側で噛み、そしてぼんやりと時の流れのことを思う。

会わなくなった人、会えなくなった人、思い出すこともできない人を入れるなら、その数は両手の指を追い越し、溢れかえる。たまに思い出のほうが綺麗で永遠っぽいし、いいなあなんて思うのは、老化なのかもしれない。でも一生懸命に過ごしてきた時間へのリスペクトでもある。

「あらかじめ約束された、いつか思い出にかわる今を、歩いて、たしかめて」

思考停止。重くなった頭、顔でも洗おうと、腰を上げる。洗面所、できるだけ浅黒い顔と目が合わないようにしてバシャンと水をかぶせタオルでこすると、流しが綺麗になっていることに気づく。ヒロシのかわりに新しく入ったロッキーというルームメイトが掃除したにちがいない。思えば、今顔を洗ったタオルも新鮮な柔らかさがあった。そんなことで不意に気分がよくなるから不思議だ。気づくと窓の外から雨が乾いていく時の匂いがする。雨はもう止んだ。そういうことには敏感でいたい。

歯が痛いくらいの理由で、何もかもやる気がなくなり、もうここらで終わってもいいよなあなんて思う時もあるが、カレンダーをめくらずとも毎日は更新されるようにできている。日常というやつが一番容赦がない。そして何かに期待することはやめられない作りにした人間を生んだクリエイター、彼が残した業《ごう》という機能、それは日常に次いで容赦がない。

Wi-Fiのない部屋でパソコンをカタカタしている。

やはり、思い出はいつも綺麗だけどそれだけじゃお腹が空くようだ。まだ、走れる。

まだいける。わたしはノートパソコンを閉じて、歯医者に向かった。

# 夕ひばり

窓の桟がざわつき、部屋を出ると髪を遊ぶように左に右に風が吹きすさぶ。

透明でちぐはぐな感傷に浸りながら、いつもの川沿いのベンチでタバコをふかす。

今日はトランペットの練習に励み、ド。まわりを飛び交う蚊を威嚇しながらのレ。ミはほとんど悲鳴で、ファはファと聴くには限界でもうそれは音符の形をなしていない。ただの空気の擦《す》れる音。

でも、なんとなくだけど体にいい気がする。息を吸ったり吐いたり、それだけでも人の体は命のことを思い出している。

そういえば、人間の体のほとんどは水でできていると聞いた。川をいつまでも見ていられるのはそういうことなのだろうか。いつかは、海が見えるところで暮らしたい。川を見るとその流れ行く先の青色をいつも思う。

わたしの家の庭にはすももがなっていて、特に収穫するでもなく、ただ、たわわに甘い汁で薄い皮膚の内側をいっぱいにしながら、膨らんでは風に揺れている。

ひとかじりした先ほどの糖分が舌の裏側に残っていて、タバコをふかすとメンソールのように涼しい後味になる。この前、歯医者に行ったらアロンアルファでつけた歯のことをひどく怒られた。少し溶けてしまっていたみたいだ。そんなこと言われたって、いつも左隣にいてくれれば話は別だけれども、そうはいかないのだろう？　歯医者さん。なんてことは、口を開けたままのわたしに言えるはずはなく、ただアホ面を晒しながら、歯を削る鋭音とともに痛みで頭は真っ白になっていた。

今日は高円寺の辺境レコード屋ロスアプソンへ、恵比寿のKATAでやっていたTシャツ展の精算に行く。ありがたいことに四十五枚ほど持っていったシャツは売れたのだが、適当にケータイで作ったシャツが最も問い合わせが多く複雑な気持ちだ。いつも思うが、作り手の創作の努力と購買はほぼ関係がない。だとすれば、好きなことに好きなだけ時間を使うのがいいに決まってるというのがここ数年の裏テーマだ。だって関係ないのだもの。

店内は相変わらず小宇宙といった感じでなんとも言えない不思議な感動がある。古いバンドの友人で、レコードコレクターの彼が昔、言っていた。

「7インチのシングルにはアルバムを見据えて作ったけど、そこまでいけなかったやつの甘酸っぱい夢が詰まってるんだ」

わたしはそんな考え方を知らなくて、感動し、手に取る7インチを眺めながらよくそのことを思い出す。広くはない店内で彼の目の輝きを思い起こしながら、カセットやアナログを見ていた。そんな彼のバンドもまたアルバムは出しておらず、シングルでその活動の足を止めている。

精算が終わると、BLACK SMOKERの事務所へCDを受け取りに行く。事務所に入るとニュースをつけながらビートメイキングするK-BOMBと新作のサコッシュを見せながら今後の展望を話すJUBEさんがいた。これだっていつもの風景だ。散々笑って楽しくなった後、夜にはスタジオへ向かう。高円寺から下北沢へ自転車を漕いだ。

環七をふらふらと今日は夕暮れが綺麗だと予想してたけど案外すんなりと消えてしまったなあと西の空を見る。雨の匂いは気づけるが、その日の夕焼けが鮮やかかどうかはギリギリまで判断できない。少しくらい雲がないと照らされる物がないからかあっさりと沈んでしまう。本当にあっさりと。まるで人の死のよう。綺麗に生きた人はあっさりと、やさしい人から順番に消えてしまう。わたしは傷だらけでも真っ赤なほうがいいかな。

店長が亡くなって潰れた方南町のラーメン屋がまた別のラーメン屋としてオープンしていた。内装をそのまま使えるし、もしかしたら弟子がそのまま引き継いだのかもしれない。長い行列のできるいい店で、バンドメンバー皆で住んでいた頃、ライブの後なんかによく食べに行った。今度また一人で行ってみることにする。

夕暮れ刻は匂いを遠くまで運ぶ、どうしてだろう。人間の癖で暗くなるとご飯を無意識に探しているからだろうか？　鼻の裏に匂いを引きずりながらペダルを漕ぐ。

スタジオは四時間。怒号が飛び交う、ひりついたスタジオ。いつもの風景。新しいフェイズへ入る時は過去が剥がれ落ちることを意味する。緩やかな変化はなく、いつもGEZANは摩擦し、だからドッと疲れる。いつか丸くなれるのだろうかと訊きたくなるほどに、感情や感覚はstruggleしている。

神経が逆立った状態で帰ってくると、テレビでサッカーの試合をやっている。W杯、日本対ポーランド。

不甲斐ない試合だったが決勝トーナメントには駒を進めた。どんな手段であれ前に進むことが最善だったと語る選手のインタビューの目はいさぎよかったが、きっとツイッターなんかは非難の声で荒れていることだろう。監督も苦渋の選択なのかもしれないが、とにかく、この西野監督の顔は、あまり好きではない。わたしはほとんどのことを顔で選ぶ。好きな人は皆決まって好きな顔をしている。笑ったり泣いたりした痕跡が歴史となって顔に刻まれる。

安定しないのはわたしの顔で、本当に人相が悪く、輝きの一キラリすらもない時もあれば、濡れた犬のような顔で鏡の前に姿を現すこともある。どうにも面倒くさい人間だが、悪いやつじゃないんだ。これでも長い間連れ添ってきた間柄なので、これからはもう少しうまくやりたいと思う。なあ、よろしく頼むよ。ピーポー。

祭りの準備

「気持ちのいいもんさ」

こういうのは避けようとすればするほどに風邪をひいてしまうから、わたしはシャツを一枚脱いで、上半身を裸にし、雨を受け止めにいくようにペダルを漕ぐ。肌を突き抜けんとする雨粒が視界を遮る。強めのシャワーだと思えばいい。握っていた傘をゴミ箱に突き刺し、空いた右手で髪をかきあげシャンプーでもするように張り付く髪を後ろに流した。

真夜中の豪雨。ママチャリを立ち漕ぐ上半身裸の長髪はさぞかし滑稽な風景だっただろう。しかし、まあ、この豪雨の中ではその滑稽さも霞む。それほどに異常な世界がいつもの駅までの道の上にはあった。

わたしは矢のようにwall of rainの中を進み、やっとの思いでたどり着いたジョナサンにはすでにちらほらと仲間が集まっていた。

GEZANの自主レーベル「十三月」が主催する入場無料、投げ銭方式のライブイベント「全感覚祭」の会議は大体の場合ジョナサンで行われる。

ドリンクバーで腹をタプタプに膨らませて、とろけそうになる朝方まで話し合いは続く。永遠に話すことが尽きないのでは？　というほどに気にかけなければいけない案件はある。

五回目になる全感覚祭は東京の多摩三角公園からはじまった。忘れもしない第一回。見えない骨組み、暗中、手探りで準備をし、満を持して開会する、そのほんの十分前、ちょうど今日のように強い雨脚だった。我々が用意した運動会テントの上を無数の水滴が叩いた。皆がセブンイレブンの屋根の下に逃げ、雨雲の行方を見あげたあの絶望的なムードを今でも鮮明に思い出せる。通り雨じゃない。空一面がグレーの永続的に続きそうなあのだだっ広い絶望感。

フェスで、雨が映えるのは映像の上だけ。実際は晴れるに越したことはないし、主催チームからしてみれば雨天など最悪以外の何ものでもない。大体のフェスは雨で客足が想定とそぐわず、火の車になって歩みを止めざるをえなくなる。フェス保険なるものが存在していることは知っているが、一口一〇〇万円ほどのかけ捨てに、ど頭からかけるほどの大人の余裕ははなから持ち合わせていない。

二〇一七年、大阪での第四回の全感覚祭でも雨にはヒヤヒヤさせられた。天気予報は曇のち雨ではあったが、ギリギリのところで均衡を保っていた。メインの野外のステージの上にブルーシートをくくりつけていたが、もう降らないのであればと、天気予報と相談し、空抜けというビジュアルの優先を理由にブルーシートを取り外すことを決意した。だが、外したその一時間後、雲に切れ目が入り、雨が涙のように空からこぼれはじめたのだ。

設営部隊の男たちが十メートルはありそうな棒を応援団の横断幕のようにステージの両端で抱え、その間に張られたブルーシートで即席に雨をしのいだ。あんな根性と物理的に筋肉を酷使する雨の防御方法は見たことがない。

もしも雨が機材を侵食し、破壊したとしたらその後のアクトすべてに支障が出る。わたしは主催としての意識の低さに落ち込んだ。ジョナサンの窓ガラスに当たる雨を見ながら血の気の引いた去年のあの時間のことを思い出して身震いする。

ジョナサンではタンドリーチキンをマヨネーズ多めにして注文することが多い。辛いのが苦手なので、マヨネーズでクリーミーにして食べる。売れないお笑い芸人をやっている店員とは顔馴染みで、お互い大変だよな？　的同調を求める目をたまに感じる時もあるが、悪いが実際のところ、全然大変でもないのだ。いや、それはまあそれなりに時間も労力も使ってはいるが、失われた何かを取り戻しているようなそんな時間は意外と悪くない。その何かが何なのか、それはよくわからないのだが。

今泉力哉《いまいずみりきや》監督の映画「退屈な日々にさようならを」の劇伴をわたしがやった時のこと。上映が終わるたびにロビーでは出演した役者やスタッフが待っていて、出口から出てくるお客さんにお辞儀して感想を話し合ったりしているのを見て、映画は文化祭のような一つの青春プロジェクトなのだなと心惹かれたことがあった。

失われた何かとは何か。その答えの一つはそこにある。学校に通っていた時分、文化祭などに力を入れるのはダサイという空気感が邪魔をし、真剣に打ち込んだことは一度もなかった。ヤンキーかファンキーにでもならないと格好のつかない、そんな田舎町だったのだからそれも仕方がない。

祭りというものに終わりはあるのだろうか？　三年たっても卒業することはなく、永遠に何かを探し続けている。誰もいない教室にいまだ心は取り残されていて、その捌け口を探している。


大人と呼ばれる年齢に達し、探す時期から答えを迫られるタームへとシフトしていく。それができない人間のことを馬鹿にするような風潮はすべての価値観の根底にこびりついている。まるで鍋の底の黒焦げのように頑固に、冷徹に。

そんなにうまく年をとっていけるはずもなく、無軌道に右と左は入れ替わり、前がどちらかも見失う。不安になり平気で迷う。

大人の大とは、一体何の大なのだろうか？

わたしはいまだに保健室のベッドに仰向けで時計の針がゆっくり進むのを数えている。廊下をつたう給食の匂いで体を起こし、履き潰したシューズをスリッパのように履いて保健室の引き戸を開ける。


見たことのない世界が目の前に広がっていない現状があるなら、変えるしかない。そうして十三月チームの夜が更けていく。

# 真夏のアウトライン

視覚にデザインがあるように、当然、音にもそれは存在する。

音のシャワーともいうべき蝉の音が降る七月の終わり、何もやることがなくて、いや、正確には山積みなのだが、一切のやる気が起きなくて、ベッドの上で一塊の肉になって駄々をこねている。くるまった体は成虫前の虫のよう。季節外れだ。

窓の網戸にとまった蝉を指でつまみ、部屋の中に招き入れ観察すると、なかなかえぐみのあるデザインをしている。神様というやつがクリエイターなのだとしたら、ずいぶんと攻めた造形にしたものだ。

好みや解釈を超え、この世界には理解不能に歪《いびつ》なものが多く存在する。

東京と大阪では、鳴いている蝉の種類がずいぶんとちがう。大阪のほうがアブラゼミが多い。幼少を過ごした島根ではひぐらしが多く聞こえる。あの声を街角で聞くと、ゆず色の甘酸っぱい空気が決まって胸に流れ込んでくる。

腹を裏返し、耳元に寄せると、絶叫と呼ぶしかないほどの音量でむせび泣いている。この体積にしてこの音量となると、相当に命を削るハードコアスタイルなシャウトであって、一週間でその生命が尽きてしまうのだって頷ける。

何をそんなに生き急ぐことがあるのかと問いたくもなるが、それは私たちのような無軌道な音楽を鳴らしている者にも同じことを思う人は多いだろう。

実際のところ、その理由をうまく答えられる人はいないだろうし、ただ、焦燥し、混乱と軋轢のハイウェイをひたすらに滑走している。真夏がそうさせるのだ。

潰れたビール缶、開いた瞳孔、飲み口から溢れる炭酸、弦の切れたギター、熱中症になりかけて横たわる男、引かない汗とおでこに貼られた冷えピタ、誰も止めないハウリング、音の出なくなったアンプ、ひりついて血を流した喉、日に焼けて黒ずんだ腕、マイクに当たって欠けてしまった歯の裏。舌で触れるとざらざら。夏になるとスタジオのアンプがショートする時の匂いが記憶のほうからする。

最近、近しい友人同士の恋にお別れがあった。二人が恋に落ちたその瞬間だって、わたしは見ていた。新宿のゴールデン街のユーミンが流れている小さなバーだった。

四年間続いた関係の最後の終わり方はひどいもので、不条理だし、怒りも悲しみもうんとあるが、恋愛などその程度だろうと片一方の脳ではドライにそんなことも思っている。

友人はその思い出をダメだったものにしようと努力していて、それは再生のため仕方がないことなのかもしれないが、その奮闘を見ていると、胸が詰まる。やさしいやつほど報われてほしいが実際の世界はそうではない。ただ、そうあってほしいという気持ちは捨てずにいたい。

終わりよければすべてよしだなんて言葉があるが、わたしは信じない。かく言うわたしの終わりなどきっとろくな死に方をしないだろう。犬死と呼べば、犬に申し訳が立たないくらいに、きっと粗野な理由が用意されることだろうと思う。終わりの姿ですべてが決まるのだとしたら、人の一生はあまりに簡素であっけないものになるだろうが、過ごしてきた季節は因果応報、ちゃんと見ている。

終わりがうまくいかなくとも綺麗な時間はあっただろう。事実、そんな時間や景色をいくつも見送ってきた。底にガラスの張られていない砂時計を落ちる砂のように、消えていくことが約束された儚い時間の中をただ、前だと思う方向に駆け抜ける。

夏にいつだってそんな遺書めいた気持ちを覚えるのは、お盆が近いせいもあるだろう。失った感覚たちが彼岸から手招きするようにわたしの名前を呼んでいる。

錯綜する思考も、歌の底に落ちていく甘い混乱もそのすべてに理由はなく、ただ夏は無感傷にその上を通り過ぎていく。この景色はきっと何年も前から、何十年も前から繰り返されてきた景色。この先、私たちが消えても何十年と繰り返していく景色。歌のかわりも、その恋のかわりも、弾かれたその六弦のかわりも、すべて存在し、繰り返される。

写真にも映像にも、ましてや音楽にもそのすべてを記録することなどできない。だからできるだけ記憶しておこうと思う。そのために叫んでいると言ったら綺麗すぎるだろうか。

# プロジェクトFUKUSHIMA!　盆踊り

お盆というのは不思議な時間だ。

もう会えなくなった人や、かつて人だったものともう一度会う、そんな非科学的なことがこの乾き切った現代でも堂々と残されていることに驚く。

盆が猛暑日にあることはきっと偶然じゃないだろう。鳴り止まない蝉のシャワーと朦朧とする意識のなか、蜃気楼の先で揺れ動く陽を誰かの影に重ねる。こんな季節が選ばれたことも頷けるような、平成最後の夏、焦げかけた太陽。

プロジェクトFUKUSHIMA!という動きは当然知っていたが、生まれつきの天邪鬼のせいもあってか参加するのは八回目の今回がはじめてだった。

カラフルに縫い合わされた布の上には櫓《やぐら》が立ち、大友良英《おおともよしひで》のオーケストラに一般から持ち込まれた楽器の生演奏をもって盆踊りをする二日間。

元々、復興という言葉の持つ複雑な意味に抵抗感は拭えず、参加することに不安がなかったかといえば嘘になる。自分が誰かに手を差し伸べられるような立派な人間だと誇示しているようなむず痒さがあったことも理由の一つ。

おそらく育ちだろう。小さい頃から、給食当番をテキトーな理由でサボったり、掃除で机を教室の後ろに運ぶ時も引きずることを女子に注意されたり、まあ、平たく言うと、そういう側の人間だった。どこかで責任という言葉を避け続けてきたし、体良《てい》くパンクスという言葉を胸ポケットから取り出してはアホのふりをしてすかしてきた。ただ、盆踊りの櫓の上で見た光景はそういった不安の入り込む隙のない、ただただ幸せな時間だった。そして結果的に救われたのはわたしのほうだった。

意識したこともなかったが、わたしの職業と言えば、おそらくミュージシャンなのだろう。だってもう十年近く、それしかやってないもの。常にステージの上では自分でいることを全うしなければならない。自分とされている者を拡張し、どれだけ特別で個性的でいられるか。そんな癖が骨の髄にまで染みついている。

皆、自分をやめられない。そこに居た証をインスタグラム上に残し、たしかにわたしは今日もわたしだったと無言で確認している。いいね、やリツイート、誰かと関係していないと不安になるほどに、二〇一八年はあなたでいることを休ませてはくれない。

盆踊りの櫓の上で見た光はその先を描く可能性だった。櫓を囲み、同じ振り付けで踊るその一人一人からは個性が剥奪され、ただ、音と一つになろうとする複数の体温があるだけだった。

テニスコーツと、マウイの太鼓、そしてSachiko Mさんとともに櫓の上に登る。振り付けもあやふやのくせに一度この場所に立つと降りられなくなるような魔法の時間に体は揺さぶられ、視力は櫓をくるくると回る景色にただ見惚れ、心はその渦といつまでもいたがっていた。

櫓の上で用意されたわたしがうたうべきパートはわたしでなくてもきっと良かっただろう。それが清々しく思えることに新鮮な感触があった。それは大友さんのオーケストラの演奏者もそうなのではないか。精鋭たる演奏家たちが一般の持ち込んだ楽器を鳴らす。音楽とは一体何だろう。きっとそれぞれの窓が開き、ちがった色の風が吹き込んでいることと思う。

それにしたってサイン波奏者として孤高のイメージしかなかったSachikoさんのうたい、踊る姿には驚いた。まるで昔から知ってるみたいな親しみがあったのだから。

盆踊りの真ん中で夏を使い切らんばかりにただ、笑っていた。そこには、手をグーにして固持していたわたしなどどこにもいなかった。高揚する温度はそのまま八月と合流し、溶け合い、人間の皮をかぶったわたしたちは人としての役目を放棄しかけながら死者と踊っているみたいだった。

思えば、ただ笑うことに責任なんて言葉は必要なかったはずだ。あそこで行われていた宴はそういう質《たち》のものだった。誰が得をするでもなく、誰が誰に何かを提供するでもない。ただ自分を忘れて、ただの呼吸になって、そんな時間は尊く、わたしは爪の先からマツコ・デラックスに番組で切られ跳ねた髪の先端まですっかり感動してしまった。

余韻をと思い、ふらりと打ち上げを抜け出し、木の骨だけになったもの寂しい櫓の上に立つと、すうと冷たい風が吹き込んでくる。その螺旋《らせん》はビルの隙間を抜け、福島の夜に溶けていった。すぐに警備員が走ってくる。

「出演者です！」

そう声に出しても当然取り合ってもらえず、わたしはつまみ出されるように公園をあとにした。

数歩進んだところで振り返ると、がらんどうの公園は殺風景そのもので、はじめから何もなかったように便所サンダルに上下セットアップのヤンキーが数人、缶ビールを片手に闊歩している。

何食わぬ顔で日常がはじまる。容赦なく日常は繰り返す。きっとこんな文章読んだところで、あなたには何の影響もないだろう。きっと祭りにも来ないだろうね。それはそれでいい。現にわたしがそうだった。それぞれのタイミングでそれぞれの出会いがちゃんとあるはずだから風の声に耳をすまし、身体が求めている音、その方角にただ集中していればいい。

ふと足元にはひっくり返った蝉が見える。右手でつまみ、拾い上げるとその身体は軽く、八月の空洞がなかかで静かに燃えていた。わたしたちもいつかはこの軽さの仲間になる。もしわたしがいつか見えなくなってもきっと八月の音の中で会えることだろう。そんな遺書めいたことを思う。

「お姉さん。今からカラオケ行こうよ」

空っぽの公園の縁でただ揺れているわたしを先ほどのヤンキーが女と間違えてナンパしてきた。その声で我にかえる。きっと憂いのある顔をしていたことだろう。夏がそうさせた。許してやるよ。今夜はとてもいい夜だったからね。
わたしはその誘いを丁重にお断りして、打ち上げの輪に戻ろうと歩き出す。
また来よう。心の中でそう声が聞こえた。

# 糖分 of LOVE

脳にとって糖分は大切。受験の頃、牛乳瓶の底のようなメガネをかけたガリ勉のやつがそう言いながら、学校でずっとクッキー食べてて、黒い学ランの上にはその粉クズが散らばり、不潔な印象をムンと振りまいていた。ただ悲しいのは大して成績も良くなかったことだ。

努力は人を裏切るなあとその粉クズを目を細くして見て思っていたが、今にして思えば、糖分をないがしろにするにはサンプル不足だ。

睡眠もうまくいかず、ただ夏の陽は脳をぼやかし、ゾンビのように高円寺を彷徨う。千鳥足というわけではないが、風が吹けば揺れるほどにおぼつかない足取り。蜃気楼がうっすらと見える。

一つ打ち合わせを喫茶店にて終えたわたしの足はその日、四谷のとあるお店に向かっていた。

フルーツパーラーフクナガ。

二階へと続く階段をのぼると小さな行列ができている。冷房のない階段、ぼんやりとした頭で立ち眩むとその階段の中腹には麦茶のポットが置かれている。あらかじめ外に行列ができることを想定した準備に王者の余裕を感じる。麦茶を喉に流し込むと、キンキンに冷えたそれは臓物へと染み渡り、一瞬にして部活動に明け暮れた中学時代へとわたしを誘った。

体育館にこだまするドリブルの音、夕暮れの時間をつんざく怒号、バッシュを履き靴ひもを固く結ぶ。雑巾掛けされたフロアに垂れる汗、脇に置かれたポットの麦茶はそのまま命の色をしていた。すっからかんになると、水道の蛇口に口をつけて飲んだ。今よりもカルキの味がする水はちっとも美味しくなかったし、何より夏の日差しでぬるい水は、ビオトープの腐った藻の匂いとあいまって、部活で疲れた体に染み入るちょっとした地獄だった。

待っている最中、壁に貼られたいっぱいのフルーツの記事に目がいく。なかには桃の相関図とも言えるポスターが貼られており、それを追っていくとネーミングに酔いしれた。

まなみ、まどか、なつき、きみこ、たまき。

まるで恋人にでもつけるようなネーミングに大胆な愛を感じる。そうやって一つ一つ、誇りを持って接しているのだろう。

昨日、福島のあんざい果樹園というところの桃がダンボールで届いた。そのかおり自体が宝石のようで、蓋を開ける前から胸は膨らみ、同時に夏が終わったようなそんな寂しさもあった。

わたしはあんざいさんをこっそりとパンク農家と呼んでいる。うまく説明することはできないが、農家なのだけど不良っぽいところがあるからだ。アースオーブンというピザを焼く釜つきの消防車で、現在彼が住んでいる北海道を一緒に回った。流れる星を数えて、笑った。世界は思ったより広いと教えてくれた一人である。年は離れているが友だちだ。


女性たちに交じって列に並び、冷えた店内へ入る。旬のフルーツが食べられるパフェは、イチジクだった。イチジクは小さい頃、道になっているのを食べたら、口がかぶれたことから苦手だったのだけど、シャーベット、アイスクリームに混ざった今日のそれは溶けかけていた脳みそにもう一度息を吹きかける。再生。まさにその言葉を理解する瞬間だった。

隣のおじさんは写真を二、三枚撮った後、一つのパフェを平らげる。すると間も無く別の種類のパフェが到着する。二つもいくとは相当なスイーツの手練《てだ》れだろう。お会計をする背中がなんかかっこよかった。

帰り際、ホンジャマカの石塚と店長のツーショット写真が貼られているのがレジ脇に見えた。普段写真を断っている店長が唯一、撮ったのがそれだそうだ。石塚の謎の求心力に感心しながら、満たされた腹をさすり階段を下りる。もうすっかりと日も暮れていた。夜になるとほとんどの蝉は鳴き止む。暗い時間は一体、何をしているのだろう。一匹の蝉が小さい悲鳴をあげて飛び立つ。

糖分はすごい。

なにやらやる気も出てきて、滞っていたメールを一気に返す。予定が人を生かし、約束こそが期限を延長させる。何も感じなくなる日が怖い。パフェを食べても、夏が終わっても、桃の匂いが甘くても、「だから何？」と言ってしまう自分になるのが怖い。何もわからないままでいるために昨日は遠回りしたし、今日も少し窓を開け、ちがう道で帰る。

こうしてわたしは生きているというわけだ。この夏もまた、きっと過去になる。

答えはまだいらない。

# きみの鳥はうたえる　ぼくの鳥は？

渋谷の雑踏からギャルがいなくなった。ギャル男はもっとどこにもいない。数年前は金キラのライオンの雄、雌のように逆立てた黄金色の毛がタクシーの黒い排気ガスで揺れながら、鱗粉《りんぷん》をこぼすように街に彩りを落としていたような気がするが、何に移り変わったのだろうか。相変わらずこの街は衣替えが早い。

妖怪大戦争のよう。街を飛び交う人や物の情報量に、前後左右から飛び出してくる個性に、地方出身を引きずるわたしの心は火を噴いて爆発しそうになる。

そんなことを思いながら、ともにBODY ODDという企画をしてるＤＪの鎌田とコーヒーを片手に渋谷を歩き、映画館に向かう。

ユーロスペースで上映している三宅唱《みやけしょう》監督の「きみの鳥はうたえる」。

三宅さんには「BODY ODD」のMVを撮ってもらった。OMSBやHi'Specといった面々も映画に出演しているようだった。

関係値があることで感想に色眼鏡がかかりそうなものだし、当然かかってはいただろう。ただそんなものが何の意味ももたないほど自然に役者の目線に心を運ばれていた。無声映画であっても成立するほど目線や行間は多くを語り、役者のその瞳の色は明確な言語化を凛と否定していた。

丁寧な反逆。

大したことが起きるわけでもないそのストーリーの中で、ゆらめきながら膨らんでいく興味や、だらしなさが甘さにすり替わる時の桃色、酸味のある閉塞感、ゆるやかに下降していく無臭の絶望。

いかに簡潔にカテゴライズしていくかが屋台骨になりつつある二〇一八年で、一つ一つが丁寧に反抗していた。

彼氏、彼女、旦那や友人、知人、バンドメンバーや仕事仲間、他者との関係性をカテゴライズするワードはいくらでもあるけど、そのカテゴライズが回収できないゆらめきがいくつもある。

例えばそれが恋人と固定されたカテゴリーであっても、当然、関係は日々変わり続けている。知っては満たされ、マンネリになっては飽きたり、でもなんだかんだ安心したり、そんなゆるやかな変化は大きな流れのなかで不要なものとして省かれつつある。そしてそのために用意された言葉はあまりに少ない。

簡潔に答えにたどり着き、その答えの向こう側でさらに皆急いでいる。そのゲームに自然な形で参加させられている。それはわたしも例外ではないかもしれない。

少し気になってビートルズからとられたであろう「And Your Bird Can Sing」の和訳を検索してみた。

近くにありながら見落としている答え、くしゃくしゃにしてゴミ箱の底に押し込まれた感覚、その横で精子をくるんだティッシュにまじってた愛。走るのに必死でコップからこぼしてしまった大切な時間、その水を不意に浴びて育った花。

そして、うすうす皆気づいてるはずだ。すべてが最後の最後にたどり着く答えは案外、真っ黒な水面のようなもので、すべてを重ねた後の黒色はもう上塗りのきかない完璧な黒かもしれないが、ひどくつまらない。

寄り道がしたいんだ。もっと答えを先延ばしにしてわからないままの旅をどうやって楽しむか、そんな未完成でいる勉強を日々しているように思う。

そういう意味ではいい表現にはすべて不良の匂いがあるし、この映画は当然そういった類のものだった。

余談だが、わたしは膀胱が非常に小さく2時間の映画でトイレに立たなかったことが一度もない。見たことも触れたこともないが、きっとその我慢している時の股間の震えからわたしの膀胱は栗くらいの大きさなのではと推測している。

劇場初心者ではないので、はじまる前には絞り出すように元気よく放尿するのだが、決まって映画の半分くらいで一度は立ち上がってしまう。そのトイレに行ってる間の空白の一分間を、映画のストーリーにとってどうでもよさげなところにもっていくというのもセンスなのだが、それでもやはり劇場で見てきた本数×一分となると、その見逃したフィルムだけをつなぎ合わせて映画が一本できてしまいそうだ。センスがなまじっかいいものだから、きっと無意味なシーンの総集にはなるが、そのトイレで見逃した映像集は一度は見てみたい。

映画が終わり、外に出ると音楽を担当していたHi'Specと三宅さんが駐車場のブロック塀に座っていた。映画の世界から現実に切り替わるのに一瞬のバグが生じるが、バカ話をして三歩歩くと、そんなフィルムの向こう側の人感は渋谷の空に、タバコの煙のように吸い込まれていった。

それから朝まで居酒屋で飲んだ。そこでした話はここでは書けないくだらない内容でとても良かった。

外に出ると夕焼けなのでは？　と見間違うような赤い空がしっかりと東側の位置にあったのは台風のせいだろうか？　いよいよこの世界の仕組みも壊れてきたようだ。

朦朧としながら井の頭線の駅に向かって歩き出す。

カラスがゴミを漁り、誰にも愛されていないミッキーが路地から路地へ移動している。道路脇で首を直角に折ってヘタり込んでいるおっさん。化粧が、剥げたメッキのように崩れている女の目尻。やたら元気な外国人グループのふくらはぎと下品なタトゥ。循環するタクシーのバックミラーにぶら下がっている交通安全祈願の紫のお守り。鈴の小さな音。

とっくに始発は出ていた。鈍行に揺られながら朝まで遊びつくした死体だらけの車窓から焼け焦げる東の空を見る。こんな風に綺麗に世界が終わるのならそれも悪くはないかもしれない、そう思った。

# 静寂は語るだろう

誰が音楽をタダにしたのか？

数年前、下北沢を歩いてる時、レコ屋の前でワゴンセールしてるCD群を見て、テニスコーツの植野さんが「ビデオが終わる時を見てるみたい」、そう口にした。クズ同然の値段で積み上げられたCDにかつてのセンセーショナルな輝きがなかったのはたしかだ。でも無料とは無価値なのだろうか？

そうは思わない。ゼロと無限は限りなく近い。主催する全感覚祭に入場無料、投げ銭方式をもちいているのも同じ理由だ。

そもそも自分の作った音楽がCDの定価、二五〇〇円の価値だと思ったことなどない。

GEZANが今度リリースする「Silence Will Speak」はアメリカのシカゴで録音

された。わたしたちがいたのは一週間だが、渡航にいたるまでのストーリーを知ってる人もいるだろうし、それまでに使われた集中力や才能を思えば、とてもお金に換算できるものではない。

その一年ないしはそれまで生きてきた時間の集積、スタジオで流した汗や怒号、見上げてきた茜空、海の匂い、さよならとこんにちは。もう思い出の中でしか許されていない大切な時間、そういったものがそもそも二五〇〇円の価値だと思って作ってはいない。だから近年のサブスクリプションの流れで、音楽がタダ同然で聴けるからといって悲観はそもそもない。

大げさでもなく、生み落とされた音楽は二〇一八番目のたましいだ。その外堀に値段がついたとしても、たましいに値段はつかないだろう。

相当に愛はあるから、Apple MusicやSpotifyなどに登録することを迷わなかったかと言えば嘘になる。オープンリールをまわして、替えのきかない呼吸をテープに刻んでいったスティーブ・アルビニの生き様にだってリスペクトがある。

ただ結論から言えば、GEZANの「Silence Will Speak」は発売日にオンタイムで配信することにした。

そう思えたのはCDの現物を手にした時だった。写真家の池野詩織《いけのしおり》とはイメージの共有に長い時間を費やし、ジャケットの撮りおろしには何本のフィルムを使ったかわからない。デザイナー北山雅和《きたやままさかず》とはジャケットやインナーの紙一枚から手に取り、赤色の濃淡一つ、そして透明なフィルムにＰＰ加工で「Silence Will Speak」を刷るアイデアはこのアルバムのムードを一気に加速させた。

そういった物が手元にやって来た時、そのインクの匂いを嗅ぐ時、シンプルに物としての純度に酔いしれたし、同時にこの存在に対して圧倒的な自信が生まれた。それがサブスクで配信を決めた理由だ。

ＣＤを手に取れば妖力とも言うべき不思議な力を持った作品が生まれたとわかる。霊感のある人ならなにかを感じてしまいそうな、さらぴんで生まれながらにしてリサイクルショップの隅でジッと睨みつづけているようなビンテージの空気を纏っていて、関わったすべての美意識は結晶として集結している。

時代はどんどんと変化する。今までも変化してきた。そのたびに音楽はその価値を試されてきた。表に生み落とされるということは評価の螺旋にのるということで、誰もそのゲームからは降りられない。参加していないふりのニヒリストも、参加しないというスタンスをもって戦いに参加している。

間違えてはいけないのは、生み落とされた音楽はそもそも誰のものでもないということ。当然レーベルのものではないし、作った本人のものですらない。どんなこだわりで作られ、どんな流れで生まれたかなんて関係ない。音はただの音で、質量を持たない自由な存在なんだ。

だから中学生のわたしの枕元にボアダムスは届いたし、メルビンズは桜並木の通学路を真っ黒に染め上げた。音楽は旅をするべきで、サブスクは新しい航海の名前だ。この先おそらく配信を軸にした世界がやってくるだろう。新しい時代には新しい航海がある。

コロンブスが新大陸を見つけたように、顔も名前も知らない誰かが新たな国を見つける日のイメージを。

夏の後に春が来ないように、今は一九九〇年ではなく二〇一八年だし、その時を生きるべきだ。その上で選択は委ねられている。

ぶっちゃけ金があるやつが金をかけて金を増やしているだけのクソなシーンなんてなくなっちゃえばいいと思っているし、さっさと淘汰されるべきだと思うので、偽物を正しい評価へと突き落とす時代が来てる。

楽ではない仕事で稼いだお金は愛すべきものにこそ使われるべきで、顔も知らない音楽業界にぶら下がっているオッさんのキャバクラ代に消えるためにあるべきではない。サブスクという航海が延命された生命線を切る、それを早めるならわたしはその存在を否定しない。

青色の海でもネットの海でもいい。叫ばれたイメージよ、わたしたちの苦労や感傷など何の意味も持たないくらい自由にまだ知らない世界を旅してほしい。わたしは遠くから静かに祈っている。この世界でまだ退屈してるかつてのわたしのような中高生の枕元に届くなら、それはとても嬉しいことで胸が高まるね。

これはそもそも音楽の話ではない。音楽のまわりの話であり、アーティストとそれを聴く人の間、その関係についての話だ。

誰も生活という言葉からは逃げられない。

どうやって音楽と関わるべきか、それを各々が考えていく時期に突入している。もう誰かに決めてもらう時代ではない。

何を愛し、何と生きるか。レコードに針を落とす瞬間、CDを棚に飾る生活、どんなに些細でもあなたの生活の主人公は誰にも譲るべきではない。

焦らなくても、静寂はちゃんと語るだろう。

# 泉なるわれ混乱を主宰して

この一か月のわたしの時間は来たるべき二日間のためにすべて使われてきた。体をひねっても逆立ちしても、無音が数秒あればわたしは全感覚祭のことを考え、ものの数分で膨れ上がるＬＩＮＥの未読に視力を悪くさせながら向き合った。つまりこれはまぎれもない日常であり、避けることのできない議題なのだろう。

ＧＥＺＡＮは大阪、新世界にあったブリッジというライブハウスで遊んでる時に結成された。

エレベーターの横で駄々をこねている灰野敬二《はいのけいじ》、見たことない種類の人間だと直感した半野田拓《はんのだたく》、ピアノの中に入って弦を弾く千住明《せんじゅあきら》、少女のような老婆のような天鼓の異様な存在感、風そのものだったテニスコーツ、瞬間を駆け抜けて惑星に激突するマゾンナ、先端の尖ったストラトの弦を猫のようにこする山本精一《やまもとせいいち》、大友良英の箱物ギターに鉄をぶつける音、その場所では日夜、実験的で創造的な音楽がクリエイトされ、十代だったわたしの心は普通には戻れない形にまでグニョグニャに変形していた。内橋《うちはし》和久《かずひさ》さんが主催していたＦＢＩというイベント、ちょうどBOGULTAが終わった後、お昼休憩に出た頃だったと思う。道路の脇には注射針が捨てられ、今よりも酸っぱい匂いが充満し、その分だけ活気のあった西成を下駄で闊歩しながら、三つ上の先輩だったイーグルに「バンドやろう」と声をかけた。

イーグルは人相の怪しい地元のツレを連れていた。それが初対面のカルロスとシャークだった。その後は漫画のような展開だが、道の向こう側から十五匹くらいの野良犬が西部劇のように現れ、四人は全速力でできた道を引き返し、走った。下駄の鼻緒は切れ、裸足で西成を走る当時モヒカンだったわたしは、涙を流したかは覚えてないが、泣いたような気持ちだったことは間違いない。

わたしにとってそれは初恋のように何物にも代え難く、一生消えないタトゥのように胸に焼き付いている。

数字には決して代えられないそんな瞬間のために、この数か月の会議、練り込まれた想像力、当日集まる才能やアート、そして想いはある。もしも、その祭りがきっかけでバンドが組まれたら、そんなフィードバックが山びこのように聞こえたら、わたしの顔面は笑顔を作るだろう。

お金がない人はゴミを拾うでもいい。誰かにその景色を話すでもいい。友だちがいないなら、いつか何かの方法でわたしを驚かしてくれ。この祭りが数字でできていない以上、そのリアクションだって無限のバラエティがあっていい。

音楽の価値は日々、変化している。だとすれば、そろそろ認めてあげたい。そういった目には見えない瞬間にだけ咲く花があることを。

友人知人からは今回のブッキングを見て、血迷っているのかと問われることが多くあったが、それはもっともな意見で、プロならこんな無謀なやり方はしない。

だが、勘違いしてほしくないのは、わたしはプロのイベンターではない。

最近、自分の職業がわかってきた。

John Lennonが「Imagine」でうたう。You may say I'm a dreamer。夢想家。

恥ずかしげもなく思うのだが、正直、こんなにもぴったりくる言葉はないと思った。John Lennonのこと全然知らないから真意はわからないけど。

はじめに言っておくと、仮に目標である五〇〇万円に届かなかったとしても、今回の祭りに関して後からドネーションをしたり、クラウドファンディングなどはしない。

後から集めることには創造的な希望はない。未来は真っ白だから無限で綺麗だし、そこに投資することこそクリエイティブなことだ。論理的に計算する左脳より、わたしはいつだって未来を切り開く右脳に賭けていたい。投資してもらうならその先の未来にであって、過去は振り返りたくない。それに賭けごとをするなら全額ペイしろというのが北野武《きたのたけし》の格言。それを真面目なピーポーは律儀に守っているわけ。素直で可愛いところがあるよね。

出会うべきタイミングでドラマとは衝突するし、その時、出会うべき人には出会えると思ってる。ずっとそうだったからわかる。

この先、この国は、この世界は、どうなってしまうのだろう。

目を閉じ、眠る前ふとそんなことを考えた。蓋を開ければけなし合い、ひがみ、ひどい言葉を使い合うタイムライン。正直言って、これからの変化を絶え間無く続けていく時代に順応する自信などない。ただ向き合う相手が時代ではなく、あなたならその答えは変わってくる。自分の世界から「みんな」というフレーズを追い出す。あなたたちなどどこにもない。わたしにマヒトという名前があるように、一人一人に名前がある。傷を舐め合うためのクソな共感じゃない。徹底した孤立の先で連帯する。一人ぼっちで生きていく。

わたしが崖から転げ落ちるのを待っているやつら、物陰から双眼鏡でアラを探しているやつ、大量にチャンスはあるだろうし、ほっといてもわたしは足を滑らすだろう。でも、ごめん。きっと全感覚祭、大丈夫だと思う。わたしは自分を救ってくれた音楽のことを信じてる。そういうピュアな時間のことも信じてる。

# 降参

自分の主催したお祭りが終わり、放心するだけの日々が続いている。眠っても、眠っても、眠たくなるのは、きっと芯から疲れてしまったためだろう。振り返る体力すらもはや残っておらず、余韻などというやさしく香る感触は体のどこにもない。ただ腐った肉のようにごろつきながら窓の外の冷たい空気を肺に入れ、かわりに濁った色の二酸化炭素を吐き返す反復運動。

後悔のない人生をなんて言葉があるが、飛べば体が落ちるとわかっている崖でも飛ばなければいけない時がある。骨は砕け、関節の間のぶよぶよは岩の上で落ちた柿のようになり、それでも潰れた肉片を見ながら後悔とともに頬を持ち上げ笑ったような顔をする。

悪魔と契約して体をレンタルしている場合、操縦士の意思にかかわらず、決定に従わなければいけない時もある。何からも解き放たれた自由な人なんて、実はどこにもいないことをわたしは知ってる。夜中にこっそり引き出しを開け、汚い字で殴り書きされた契約書を盗み見したから。

こういう感覚は、この世界では存在することをあまり許されていない。天命など狂人の戯事《ざれごと》扱いされてしまうのは仕方がないことなのかもしれないが、ただ、殺人犯のそういった気分に関してはわからなくもない。

つくづく音楽があって、ギリギリのところで人間の均衡を保たせてもらっていると思う。こんなことを書くと、いつかわたしが犯罪などでニュースになった時、あいつはこう書いてたとか言って引用リツイートされて拡散されるのだろう。でも、どうでもいい。わたしはわたしの出会った人以外、存在していないものとして、生きている。わたしが隣人を想う、想像力の限界はそんなものだ。

すべての生き物は死と契約を結んでいる。命の残量をどう配分して生きていくかを適当に選択しながら生活していると、いつの間にか残量は底をついてるなんてことになるだろう。わたしの残量はあとどれくらいだろうか。

窓を開け、鼻炎の鼻をすすると生き物が腐りはじめる時の匂いがした。わたしは終わりを待っている。

感覚を高めすぎることは危険だ。

天才と呼ばれる人を壊すのは、天才自身の視点だろう。肉体がその情報量についていけない時、簡単に壊れてしまう。才能には天地の差があるのに肉体にはさして差がなく、寿命の前後で同じように口をポカンと開けて果てるのは神様の設計ミスだと思う。幸か不幸か、わたしは天才の類ではないが嗅覚が優れているため、光のほうに体を寄せてしまう。

光に向かってすぐ股を開く淫乱な人間だ。

答え合わせをしながら、毎日山を下りては、だんだんとくだらなくなっていく。


いつ、どの部分を遺書として切り取ってくれても構わない。

# 明星

冬の朝、かじかむ指でアイフォンに触れ、顔のあたりにだけ温度のない薄光を浴びて、今日をはじめる準備にはいる。足の指先をまるめ毛布にしまい込み、さてさてなんて言ってからが長い。

この熱くもなんともない光を発明したのが誰だかわからないが、いつまでも違和感が消えず、わたしは真の意味では光として認めていない。光熱費が安くなり、主婦の味方だかなんだか知らないが、このエジソンフォロワーが光と光のような何かを混同させた罪は重く、密かにだがたしかに極東の青年が一人、軽蔑し続けている。

まずLEDなんていうスカした名前は九十年代のJ-POPのバンド名のようで、調子に乗りすぎだ。電気ならば電気らしく厳かな名前こそがふさわしい。例えるなら「陽華《ひか》」だとか、「雷兎《らいと》」など、厳かで品のある名前をつけるべきだった。ELTみたいなＬＥＤなど、エイベックスの闇の力にねじ伏せられてほしい。

名前とは、それをイメージする時に最初に出会うもので、風向きを左右するから大切だということは十分皆、理解している。わたしの名前、マヒトゥ・ザ・ピーポーは考えつく限りでは最低のランクに属する。ふざけていて、ふしだらで堕落的で、「・」を二個使いしている箇所など、耐え難く、今も下唇に犬歯が刺さり血をにじますほどの苦痛の表情でタイプしている。

なんなんだ。なんでそんな名前にしてもうたんや。お前は一体？　おい。お前は誰なんだ。そんな問いかけにも答えることはせず、あいも変わらず髪をだらだらと下に垂らし眠そうな顔で文字を打っている。


この前、友人のCAMPANELLAというラッパーと、大大大という名古屋の飲み屋で朝までぐでんぐでんに飲んでいる時に、次の年号を予想する賭けをした。文字一つ一つにポジティブなイメージがあるものが使われやすいと想像し、わたしは紙に「明星」と書いた。

みょうじょうがんねん。

綺麗な響きだと思う。平成は、平和が成るという意味だろうか。平には平然や平穏などの意味も含まれそうだ。

わたしの平成は苦しかった。

とある画家の友人とメールで、今年も終わるなんて話をしながら、平成はやりきったか？　そう聞いたら「童謡の歌詞くらいやりきった」と返ってきた。あまりの潔さに返信の指が止まってしまった。

やり残したこと、そんなもの山ほどある。後悔も両手の指では到底数えきれず、毎晩眠る前、やり残したことがある気がしてなかなか寝付けない。それでも容赦なく時間は進み、立ち止まることを許してくれない。そんな時間が三十年。わたしの生きた時間。

どんな日々がこの先待っているのか。退廃的な日々でもこの余白に描く絵にどこかでちゃんと期待している。その期待がわたしを追い込みもするが、どこかで生かしてもいる。

深呼吸すると冷たく縮んだ空気の粒が肺に流れ込み、体がしゃんと伸びていく。

今日は何かやらかしたいな。そんなことを思いながらまだベッドの中にいる。

でも、さっきより生きてる。一つずつ、一つずつ、わたしが始動するのがわかる。

言葉は羽を得て自由になり、思い出も連れてわたしのもとを離れていった。毎日そうやって夜を越えてきた。

平成。

# ひらかざる蘭

全感覚祭の映像がスペースシャワーTVの番組で流れるというので、チェック用に映像が送られてくる。

気の抜けたサイダーのようなボワついた頭だが、親指は再生ボタンを押していた。総意では寝ていたいが断トツだったのに、小さな長方形のアイフォンからハウリングが流れ、ベッドから起き上がれない重力そのもののような今のわたしと同じ人間とは到底思えない、法定速度をゆうに超えた、見えないものに向かって叫ぶわたしらしき赤い影を見た。そうか。こんな日がたしかにあったんだな。

一つ一つアーティスト紹介を書いたり、ステイトメントを書いたりと、祭当日までの日々ですっかり言葉を使い切っていたわたしは、ろくに後日レポートも書かず、ただダラダラと時間は流れ、気がつけばもう年末、二〇一八年も終わろうとしている。

言葉にも気持ちにも残量があることを痛感している。そんな自分に慰める暇を与えず、容赦なく時は流れ、すべては過去として片付けられる。記録に残るものと残らないもの。せめて記憶を残しておくべきではないか。だってわたしにしか見えなかったものがある。それはたしかにあった。カラカラに乾きかけたタンクから言葉をかき集め両手ですくいルームライトにかざすと、キラキラとした光の粒子が踊っているのが見えた。

とはいえ、思い出せることの種類には限界があって、誰のライブがどうのこうのとか、そういう温度がらみのことは早々にわからなくなっていた。本当を言うと、うたっている時のこともわからない。暴れたり飛んだりしている時ほど、真ん中は空洞で、冷たい血液が逆流するように体を回っているのだ。

準備の日々は切羽詰まっていて、わたしは狐につままれたような引きつった顔で東京二十三区を駆け回っていた。ＬＩＮＥは気を抜くとさかのぼれないほどに未読の桁をあげていく。十三月の神輿的存在として、ピーヒャラピーヒャラパッパパラパーしていたいのが本音だが、そんな余裕などなく、各チームからの連絡は心を休ませてはくれない。なかでもお金の心配は尽きず、事前募金の残高を毎日確認していた。

お金とは一体なんだろうという疑問が、「投げ銭」というコンセプトを生んだが、果たして、そんな綺麗事が通用するのか血も凍る日々だった。

実際、個人フェスや中規模フェスなどの名前を聞かなくなる理由のほとんどはお金で、桁が上がっていくと当然、天候やブッキングの失敗時の落ち込みは大きく、その落差にすべての生活を持ってかれてしまうのだ。

地方のフェスに呼ばれてがっちり握手を交わしたイベンターさんがいた。次の年、NUUAMMでツアーに行った時、その人の名前を何気なく出したら、街から飛んで、消息不明になったと聞いて身の毛がよだったこともある。たしかにGEZANで出演したそのフェスの日は大雨で駐車場は空っぽだった。レンタカーのバンでドリフトして遊んだ記憶がある。

わたしの綺麗事など、木っ端微塵に粉砕する準備はできているぞと言わんばかりに時代というやつはヘイトな顔面をぶら下げて、落ちてくるのを待っている。それでもわたしは綺麗なものだけを信じていたい。そう思える出来事が全感覚祭の当日にあった。

その日はうんと青く晴れていた。だいたい、朝早くからラジオ体操するなんてことは普段はない。朝の空気を肺に入れて、心臓は正常に血液に酸素を送る。わたしの顔は笑っていた。きっと嬉しかったのだ。

夕暮れを過ぎた頃、寂れた工場の煙突から上がる煙に金色の夕焼け。乙姫様が見守る堺の船着場の潮風に揺れながら、溶けていく輪郭のなか、多幸感が水気のないシャワーのように降っているのが見えた。

投げ銭ボックスを持って会場内を回っていると、小さい子が手作りの赤いダンボールのボックスを見て「投げ銭って何？」とお父さんに聞いていた。「よかったと思えたらそのお返しをするんだよ」、お父さんがそう答えた数分後、投げ銭ボックスには小さな赤い花が入っていたそうだ。これは手伝ってくれていた友だちから聞いた話。

都会で生き抜くために執拗に皮を分厚くし、外に色味を合わせて薄汚れた心ではもはや処理しきれないような純度のおとぎ話だが、でもよく考えてみればわたしのやりたいことは最初からそんなことだった気がする。

草むしりをし、資材を運んで骨組みを組むところからはじまった二日間が終わって、ゴミの山を見ながら、タバコをふかす。道路に投げ捨てられたゴミはほとんどない。そこにこのイベントに関わる人たちのモチベーションが見えた気がした。うまくやるだけならもっとできる人がいるだろう。もっと人を集めることや稼ぐことに特化することもできる。が、それはわたしの仕事ではない。

二〇一四年、雨。はじめたばかりの全感覚祭のダイジェストを久しぶりに見る。最後のGEZANの「瘡蓋《かさぶた》と爆撃機」を見ている観客のなかには、もう解散したバンドや、ライブハウスでは見かけなくなった友だちの生きた表情が残っていた。

変わっていくことは避けられない。どんな形であれ出会えているその時間がいかに尊いか、それはどうしても、リアルタイムで感じることは難しい。これから五年が経ち、十年が経ち、その数は増えていくばかりだろう。でも、どうせなら消えていくものを数え、悲しみを積み上げることに時間を使うのではなく、今の生きた時間を刻みつけることに集中していたい。いなくなるってことは、そこにいたってこと。

絶望する理由など、いくらでも見つけることができる。そのドス黒い鈍色と目を合わす前に、西の方角を見れば、毎日、夕暮れが茜色に空の頬を染め上げているのが見える。目を細めるのではなく、太陽をまっすぐに見ると、黒目が焼き切れそうになって、世界がプリズムしだす。多分傷が入ってるだけなのだろうけど、不細工に生きるよりは馬鹿のほうがずいぶんとマシだ。わたしたちはそのネジのゆるめ方にトライアンドエラーを繰り返している。

卑屈になったり、絶望することほど簡単なことはないなかで、綺麗な世界をイメージすることほど挑戦的でオルタナティブなことはないのではないか。

前野健太《まえのけんた》の歌に「今の時代がいちばんいいよ」という曲があるが、こんなに皮肉で挑戦的なタイトルを他に知らない。愛の正体がそこに見える。わたしにとって全感覚祭はその綺麗な部分を愚直に信じていく挑戦なのだと思う。だから金銭的な企業の協賛はなく五〇〇万円を超える数字が集まったことは今年の評価だと思ってるし、次の未来への挑戦権だと思ってる。

この切符は片道で引き返すことはできない。神様と交渉することはしないけど、その対象があなたたなら、わたしは交歓したい。

正直、いつかは失敗すると思う。そんなに世の中が甘くないことも知ってるつもりだし、失敗して、真っ逆さまに落ちていくだろうと思う。そうなったらなったでわたしははじめから何者でもないStray Dogsなのだから。野良犬らしく、最後は無様に死にたい。その時は何も残さない。歌の一つも、書きかけの詩一つも残さず、無様に路上で死にたい。

才能を残さず使い切るから、だからどうか、それまでは可能な限り、愛してほしい。

「ぼくらは幸せになってもいいんだよ」

そううたってたやつのことを思い出しながら、わたしは光に帰っていく。

さよなら。思い出よ。

# QUIET RED

死んだじいちゃんに「何か怒れることがあったり、悲しいことがある時は、言葉や力に頼らずに自分の仕事で清算しなさい」と言われたことがある。

説教臭い人ではなく、いつもは寡黙だった。自分が道をそれると、後ろから引き止めるようにどやしつけるのではなく、間違いに気づいてボロボロになり頭を垂れて戻ってきて角を曲がると、そこで最初から腰を休めてたかのように空を見ているような、そんなじいちゃんだった。

夕さりの沈黙はやさしい。空に飛んだツバメは、もう花の咲くことのない傷んだ桜の木の枝で同じように羽を休める。わたしはじんじんと疼く腫れた掌をさすりながらただ黙って空を睨んでいた。

今の時代、仕事で清算するまでもなく、ＳＮＳの中で自分を表現することができる。

有名人のいいねに喜んだり、繋がっているような感覚? でも、どこまでいってもそこに温度はなく、その先は暗く冷たい。軽薄なものの中できゃんきゃん吠えている自分の姿が液晶の黒くなった画面に映った時、その文字を打っていた男を静寂はじっとりと軽蔑している。

わたしの仕事とはなんだろうか?

いまだにわからないまま、畦道を歩いている。両脇でカエルが鳴いていた夏はゆうに越え、冷えた年末の空気が鉛のような低い温度を引き連れ、靴と靴の間を巡回していた。

昨晩、友人との待ち合わせまで時間を持て余したわたしは本屋にいた。年度末になると必ず出回る、雑誌の年間ベストをペラペラとめくりながら、遅刻中の友を待っていた。相変わらずライターに都合のいい安全牌を並べ替えただけのいけ好かない固有名詞が席捲するランキングは不愉快だったが、時折GEZANの名前が登場し、そのランキングは一位や二位だったのが印象的で、当人がドキュメントに介入しているか否かで極端に差が出るのが今の自分たちらしいと感じる。

時代に関係なく鳴らされた音と言われることは昔から多くあるが、時代と無関係でいることなどできるのだろうか？　これはそれを書いたライターや特定の誰かへの批判ではないのだけど、そもそも時代とは何なのか？　多数決のこと？　だとすれば、そこからこぼれ、音に想いを馳せた人間が生きた時間はなんと呼ばれるべきなのか？いつからオルタナティブはハイセンスな者の選民意識を満たすための道具に成り下がったのか？　少なくとも小数点以下を切り捨てることに慣れてしまった者に時代という言葉を使う資格はない。

わたしに才能があるとすれば、その才能はそういったたよりないもののためだけに使いたい。それは決して弱者のことではない。名前を与えられず、時代という防護服も着させてもらえず、裸のまま十二月の空に放り出された孤高の精神のために。

七尾旅人《ななおたびと》の「STRAY DOGS」を聴きながら近所の神社へ散歩する。年始の初詣の空気も好きだが、祭の前のひんやりとした静かな時間が好きだ。じきに、この緑に挟まれた道には露店がたくさん並び、飴の甘い匂いをくゆらしたカーテンの中を皆がそれぞれの想いを抱え、手を合わせにくる。石畳を蹴りながら、この歌からやさしさを感じ取れない人とはきっと会話ができないだろうとふと思った。いつかは大切な者の数より、なくしてしまう者の数のほうが多くなるかもしれない。その時、音楽は何を語りかけるだろう？　切実な、売り物になることすら拒絶しているそんな響きを、ある日誰かが、歌と呼んだ。それは宝石のように輝いているものばかりではなかったはずだ。綺麗に生きられない間は歌で感動できる。わたしは、神様には手を合わさずに神社をあとにする。

結果を生んでも、生まなくても、わたしたちは二〇一八年を生きた。それは今書いていること自体が証明しているし、これを読んでいることだってその証明に十分になりうる。誰にも見せずに部屋で水をあげていた花も、いつも公園のベンチに座っているだけの老人も、コンビニのゴミ箱を狙っている電線の上のカラスも、カラスが食い残したからあげの串に集まってきた蟻も、一人きりで練習したギターのおぼつかないコードも、部屋で口ずさんだ好きな歌のサビのメロディも、思い出になりかかってる贈り物のような言葉の断片も、ニュースにもならずにやめていった友だちも、喧嘩したまま疎遠になったあいつも、すべてちゃんと存在していた。それは誰かや、何か、はたまた時代と比べてなかったことにする必要はない。ちゃんとポケットの中で大切にしてもいい。

わたしが人であることを忘れかけた日も、静かな赤色は皮膚の裏でうたうことをやめなかった。自分の作ったラインに救われながら、なんとか、ここまでたどり着いた。こんな世界をサバイブしたのだから、祝杯をあげる。光葬。

# 白紙が微笑む

世界はどんどんと年をとっていって、見とれたり、顔も見たくないと無視している間にもうあけましてめでとうが似合わないほど一月も終わりに近づいている。

そもそも、あけましておめでとうって何がめでたいんだ？　何も変われなかったわたしが地面を舐めながら歩いている。恥を晒しながらこんな風にきっとわたしの一生というやつも過ぎていくのだろうか。何も語らなかった日々は、何もなかった日々なのだろうか。

渋谷クアトロでのワンマンライブが終わり、久しぶりにゆっくりとできると思い、部屋に転がって口をあんぐり開けていた。

なんだか異様に疲れている。思い返してみても曖昧で、「BODY ODD」というマイクリレーの曲のせいもあってか、はじまる前から楽屋にやたらオラついた人が多くいたこと、フロアがクアトロらしからぬＲＡＷな仕上がりになっていたこと、そのくらいしか思い出せない。

煙のように、風景は消え、ただぐったりと疲れが体に刻み込まれている。しかし、これはもう病気かもしれない。あれだけ欲しかった休息だったはずなのに半日もじっとしていられず、筋肉痛のふくらはぎをつねりあげて、わたしの体は夜のクラブに連日、飛び込んでいた。

薄暗い闇の中で踊るわたしは、パンクスでもアーティストでもなく、日本人でも、二十九歳でもなく、ジェンダーもなく、ましてや、マヒトゥ・ザ・ピーポーでもない。大喜利のような自己啓発ツイートでも本屋の参考書でもニュースでもなく、ストロボのたかれた音の渦の中で泳ぎ方を、自由を、社会を、愛し方を、わたしは勉強している。大げさではなくそう実感する。

朝まで遊び、さしてうまくない中華を食べたのち、ＤＪの行松陽介《ゆきまつようすけ》と元SEALDsの奥田愛基《おくだあき》の家で眠った。ソファで目覚めると、毛布が一枚増えていた。

壁には「DON'T BE SILENT」とスプレーで吹きつけられたピースが飾られている。

最近、このSILENTという言葉についてよく考えている。

セクシュアルマイノリティの権利獲得のための運動で使われてきた「YOUR SILE-NCE WILL NOT PROTECT YOU」。

あなたの沈黙はあなたを守らない。

GEZANの「SILENCE WILL SPEAK」。

静寂は語るだろう。

際どい言葉のチョイスだと思う。反差別を発信しているカナイフユキさんにはリスペクトがあるし、否定のニュアンスは一つもないけど、一見すると反発しかねない言葉の並びで、同じく北山雅和さんにデザインしてもらったことも切り離せない緊張感を生んだ。

SILENCE WILL SPEAKはFlagstaffの壁に書かれていた言葉だけど、それが自分のもとにくるまでのドキュメントは避けられないものだった。あらためて業は面白い。常に考え続けるためにはカウンターが必要で、いつでも疑い続けなければいけない。そういう感覚がいつも自分に警告し続ける。満場一致は無効。

ロビーの扉を開け、外に出ると突き抜けるような雲一つない綺麗な青空だった。西海岸ツアーの時、アメリカの人が朝起きると挨拶のように「It's a beautiful day」とフランクに話していたのを思い出した。綺麗な言葉だ。気づけば呪文のように発音していた。

あたたかいコーヒーとシュークリームを買って、三人で銭湯に向かう。

同じ季節の中にいても陽のあるところは暖かく、影は冷たい。冬の冷たい空気の中を太りすぎた猫がのそりと重そうに歩いている。落ちた金柑を踏むと匂いが立ち上がり、もう誰も住んでいない家はその窓や瓦が仕事を放棄している。水の抜かれた池のいなくなった亀を心配するおじさん。髪の長い赤いやつを指差して嬉しそうにはしゃぐ小学生。いつものこと。いつものこと。おばあちゃんは軒先で、みかんの皮が散らばった机の上に両足をだらしなく乗せて、テレビを見ながらうまそうにタバコを吸っている。煙の上がる部屋の古い時計の針はずっと止まったままだった。

何分歩いたかわからないが、散歩という言葉を用意すれば、それは過程ではなくその道中だって目的になる。わたしたちは一月の東京を歩いていた。

露天風呂に浸かり、行松くんは気持ち良さそうにため息をついた。風呂場でも行松くんの裸は既視感がすごい。ＤＪ中に上半身裸になるし、もはや服を着ているほうが違和感とさえ思えるほどに、フランクに骨は肉の鋼を縛りつけている。

　何も喋らない至福の時間が十五分くらい過ぎ、奥田も露天風呂へ。五人入ればいっぱいの風呂でわたしのすぐ横に着水する。しばらくして、行松くんが「マヒトくん来ないね?」、そう言い、奥田は「なんかフロントで映像見てから来るとか言ってました」と言った。わたしの目の前と横で。

　え? ついに幽霊になったのか? と怖くなるほどの至近距離で理解できない会話をしていて、「あの、俺いますよ」と言うと、数秒の沈黙の後、やっと存在をわかってくれた。髪の毛をゴムでくくったくらいでそんなにわからないものでしょうか? その距離、一メートルもなし。侍みたいな人がいるなとは思ってたって、行松くんにだけは言われたくない。


　日差しの中を歩いて駅へ向かう。金色を押しのけるように体を押し進める。夕日になる前の金色を浴びた濡れた毛先から温泉の鉄の匂いがした。何も生みださなかったこんな日のこと、何もなかったことにしながら、わたしは年をとり、歴史になっていく。

　わたしたちは駅で別れた。もう二度とは会えない、会わない人がすれ違い追い越していく渋谷を横目にわたしは乗り換えのため駅の構内を歩いている。今日会った人のこと、ワンマンのこと、一月のこと、二〇一九年のこと、きっとすべては覚えておくことはできない。どれだけ言葉を重ね残したところで、言葉は心を超えない。残るのは外堀に這わされた半透明な輪郭だけ。そんなもの風呂場で見えなかったわたしと同じ。幽霊だ。

繋ぎ目に気を配り生きたいと思う。それしかできない。あらかじめ約束されたいつか思い出に変わる二〇一九年がはじまっている。奇跡なんて起きなくていいから、怒ることにも悲しむことにもできるだけ丁寧に生きていたい。いつか、本当に体が見えなくなる時、いなくなったのにそれでも消えないことがあることを、その反響音を、遠くからぼんやりと聴いていたい。湯の中に半分体を沈めて、そのハウリングを聴く時、はじめてわたしになれる。そんな気がする。

一度生まれたものは、もう消えることはできない。

# HOLY DAY

［これはわたしのソロ曲「Holy day」の映像をお願いしようと思い、耳の聞こえない写真家である齋藤陽道《さいとうはるみち》さんへ、手紙と題し送ったメールです］

＊　＊　＊

わたしが歩いた平成は、陽道さんの生きた時間は、終わりゆく世界への階段を降っている過程でしかないのかもしれない。

僻みに妬み、恨みにつらみ、可聴域よりも下の重低音を発しながら歪んでいく世界の輪郭、空も海も悲鳴をあげるが、その流した銀色の涙にもバーコードを無理やり貼りつけて、人間は叩き売りする。
「ほら、見なよ。珍しい色をした涙だよ」

木っ端微塵に壊れたルール、ついには住むことができなくなった青い星をはるか遠くから宇宙人は望遠鏡で見て、指を差して笑っているかもしれない。安全だと過信しあぐらをかいていた透明な床から滑稽に転がり落ちていく人間の様は失敗のサンプルとしてアーカイブされ、ショーウィンドウの中で流れる失敗の歴史のＶＨＳを眺めながら、父は息子の頭を撫で「ほら、ボウズ、こんな風に自分勝手に生きてるとダメになっちゃうぞ」。

その醜さを、その稚拙で不完全なけものの姿を若いアベックは嘲笑しているかもしれない。
「途中でこうなることわかってたのに修正もしないで、バカじゃない？　ウケる」

耳をすませば聞こえてくる気がする。薄ら笑い。あはは。ウケる。

でも、悪いことばかりじゃなかったよな。ほら、思い出せるかい？

はじめて海を見た時の気持ち、潮の匂いを嗅いで懐かしいと思ったっけ？

お気に入りの野球帽を運んでいった風の色を。

地平線に落ちていく朝焼けを見ている好きな人の顔を。

白い息を吐く、乾燥した唇で呼ぶわたしの名前。ふさぐようにかぶせたはじめての口づけは、本当のこと言うとよくわからなかったんだけど、胸の真ん中がポカンとあったかくなって、いつの間にか顔は赤くなってた。

山をくだり終わった後に食べるレトルトのうどん。ああ。覚えているよ。カレーの汁を飛ばして、白いシャツに新しい星を描いたよな。でも美味しかった。うん。

公園で餌をあげているおじいさんに集まってくる鳩の群れ、毎朝同じ時間にウォーキングしている派手な服のおばさん。いち、に、いち、に　あんな服どこに売ってるんだよ。ずっと公園をウロウロしていたあの薄汚い野良犬、最近見なくなったけど、あいつどこいったんだろうな。

朝方 無人のクラブ ふみつけられたフライヤーがはかる 昨晩のステップの数
防音扉をあけた瞬間差し込んでくる朝焼けはプリズム
始発を待つ遊びつかれた女子高生 うなだれた首筋のキスマーク

捨てられたデモ行進のプラカード
カラスが見てる 午前四時
通り過ぎる 誰も見ていない 駅のタギング
学校に行けない小学生が見ていた昼間の三日月
季節が変わる時たてる音 森羅万象 瞬くライト 咲いた花や枯れた花も 全部 全部

卒業写真 あいつのへたくそな笑い方や
コロッケ屋のやたら吠えてくる犬
バス停で来るはずのない人を待っているじいさん
見えないものを見ようとして望遠鏡のかわりにのぞきこんだ
アイフォンの送れなかったメールの下書き HEY SIRI? どうしたらいい？
立ち上る線香の煙 皺くちゃな指 数える ばあちゃんの瞬き
数える ありがとうの数 数える ごめんねの理由
もらった気持ち こころがある場所 そこで鳴ってる音や思い出
忘れたくないお守りの言葉 全部 全部

はじめてのセックス 握る手
震える薄い胸に浮いている鳥肌 粒のように浮かべた汗
吐く息のリズムが揃って境界線は消え 体は溶けて真っ白になった
恋が何だかはじめて知った
大きく息を吐き見上げた天井 仏壇から香るかすかな線香の匂い
じいちゃんが死ぬ時 人が物になる時立ち上がった色 下がった部屋の温度
暗闇が泣いてるせいだと思った ちっとも泣けなかったわたし
結露した窓に指で描いたドラえもんの落書き 垂れ下がり 涙みたい

沈む夕陽がしみる すり傷をつくった部活の帰り道
あけ続けた缶ビールの蓋の数だけ語った恥ずかしい夢
名前のついてない数々の季節 言葉も忘れて走った 鳴り止まないハウリング
終わらないうたを続けよう
切れた弦 血の匂い 反復する焦燥と混乱
知ってる限りをつくしていのちを使い切った日々の
実験の夜 発見の朝 最後 思い出すのは

涙で沈んだ都市ではなく
素晴らしい世界
雨がやんだら今日は散歩に行こう
歩き慣れたいつもの 駅からコンビニまでの道
覚えてきた言葉を一つずつ 一つずつ丁寧に忘れて
ただ季節と揺れる花と風と声に戻ろう
Welcome to the new day. ただその波紋の先
Welcome to the new way. 新しい笑い方
その時はきっと 音楽も歌も捨てて
ただ夕日を浴びた日々をともに生きよう

たしかに、わたしが歩いた平成は、陽道さんの生きた時間は、溢れていく砂時計の一部でしかないのかもしれない。けれど、綺麗な時間もあったことをわたしは忘れたくない。その失敗の記録には刻まれていない記憶の中にわたしは生きていた。笑ったり泣いたりしながら世界を駆け抜けた。

それも忘れたくないのです。

この二枚のアルバム「不完全なけもの」「やさしい哺乳類」はそんな気持ちが作らせました。

のあ、もくれんは綺麗な生き物です。のあは迷いながらいろんな景色を駆け抜け、いつの日か、もくれんを産み、もくれんもまた駆けはじめてく、きっとこの先迷いながら世界と向き合い世界そのものになっていく、そんなごく普通の奇跡のようなループに惹かれミュージックビデオの話をしていました。陽道さんの切り取る世界にはその祝福の光を感じます。忘れたくないと語ったわたしと同じ世界がうつっているように思います。

遺書のようなこんな長い文章を手紙のようにおくることをお許しください。わたしはマヒトゥ・ザ・ピーポーといいます。

# この世界が何もわからなくても、うたってもいい

辺野古の海を見てほしいと奥田愛基からメールがきて、「いくよ」、そうとだけ返した。

四日後、わたしは沖縄にいた。奥田のおぼつかない運転で那覇から辺野古へ高速道路の上を車が走る。スピード感はいつだって大切で、理由が揃った時には機は逃している。今、コーラよりスプライトが飲みたい、そこに理由が生まれた時にはすでに炭酸は抜けているだろう。

車内のBGMにレゲエやトライバルなものを選んだのは突き抜けるような陽気な気候と浜からの風のせいだろう。車で聴く音楽って最高に気持ちがいい。途中、いくつかの米軍基地があり、金網の奥に米兵が見えるたびに、咲いていた会話に妙な間が生

まれ、不思議な気持ちになる。

最初に言っておくと、これは別に政治の話ではない。もっと、わたしより饒舌に語れる者がいるだろう。いや、そもそも、この問題は県外の人間が軽々しく反対や賛成と語れる種類のものではない。この街に住んでいる者にしかわからない難しさがあるだろうことを、赤信号を待つ間、金網に張り巡らされた有刺鉄線の先端を見ながら思っていた。なぜか、跡として残っている左膝の古傷がズキンと痛んだ。

大浦湾に着き、車のドアを開けると透明な風がさらさらと肌の上を滑った。普段、海の匂いだと思い込み、いろんなところで嗅いできたあの鼻をつくような癖のある匂いはせず、まっすぐ鼻先をかすめていった。わたしが今まで海の匂いだと思い込んでいたのは汚れやプランクトンの死骸が腐った臭いだったことに気づく。


グラスボートに乗り込むと、サンゴの見える海を目指し、ボートのエンジンが犬歯をむき出した犬のように唸りを上げる。こちらの岸は辺野古の逆側にあたるようだ。「今日は揺れますから」、そう船長が言うので、笑って「余裕っす」と答えたが三十分後、わたしは大ホラ吹きになる。

体は上下し、ボートは波目をなぞる。荒波の飛沫のなか、わたしの心は海賊にでもなった気分ではしゃぎ倒し、目線はすべての動きを捉えようと前に後ろにキョロキョロと駆け回る。

わたしの顔は、運動会のリレーのバトンを待つ小学生みたくなっていただろう。覗き込むグラスの下にサンゴが現れた時、人が驚く時の代表的なリアクションその一といった感じで「おおおお!」とシンプルな声をあげた。海の真ん中に現れたアオサンゴの群落は得体の知れない星の断面を覗いているようだった。

その陰から宇宙人が顔を覗かせてもわたしは、さほど驚かなかっただろう。色とりどりの熱帯魚が泳ぐなか、数千年の時を要したとも言われるアオサンゴ、ミドリイシ、コブハマサンゴは波のリズムで体を四方に伸ばし、自由を謳歌しているみたいで幻想そのものだった。

わたしはグラスにクギ付けになり、感動していた。その数分後、視線を上げるとボートはオレンジの浮きで仕切られた境界線へとたどり着く。その感動的な気持ちとは真逆の臭気を放つ船は、ドス黒い煙を煙突から咳き込むように吐き出しながらその境界線の奥で土砂を運んでいた。わたしは先ほどまでとちがう回路が必要な現場に到着したことを皮膚感覚で悟る。まるで、のめり込んで見ていた映画のテレビ放送の途中で、無関係なニュース速報がけたたましく流れ出した時のようなしらけた現実がなだれ込んできた。

わたしたちのボートを警戒して航路を変える監視船。この監視船には日当五万円という安くない報酬が支払われるが、何か見たら報告するだけで一日のほとんどは寝ているのが仕事なのだそうだ。そういえば、船着き場に停められた船の上に一人用のテントが張られているのを見た。この監視船には地元の船乗りも乗り込み、日当をもらっているという。

そうやって仕事を与えることで、土砂投入を諦める理由を与え、反発を分散させることが目的だという。船乗りにも生活があり、家族がいる。

「仕事だからまあ、仕方ないよな」、その言葉を一つ吐かせるために政府は毎日五万円を払っている。自分が愛してきた海を汚す手伝いに参加させられるのはどんな気分なのだろうか？　うみんちゅうの誇りを天秤にかけさせ、自らのトンカチでかち割らせた後に剥奪する。わたしは、暗い気持ちに重ねて船酔いがひどく、うつむいていた。

沖に着き、酔いをさましに砂浜を歩いた。化石のように石灰質になったサンゴが波打ち際から打ち上げられていて、拾い上げるとどれも形がちがう。いくつか気に入ったものを持って帰ることにした。この砂浜一つで一本映画が作れそうなくらい穏やかで神秘的な風景だが、水平線のあたりに黒い船が映り込むたびに不釣り合いなビジュアルだと困惑する。

次に辺野古へ向かい、辺野古の側から埋め立てしているところを見た。車を降りた瞬間、いつもの潮のえぐみのある死臭が鼻をついた。錆びた廃車に雑草が生えている。さっきの砂浜からそんなに距離があるわけではないのに、砂浜も混じり物があるかのような不衛生な色をしていた。奥には不気味で仰々しい陸が作られていた。この浜で誰が遊ぶのだろう？　流れ着いたサンゴも黄ばんでいて、拾い上げる気にも、シャッターを切る気にもとてもなれない。

奥で泥を吐く船は、海から青を奪う海賊そのもので、躍るような冒険者の心はとっくに幻滅し、奥田に話しかけるわたしの声のトーンはうんと下がっていた。工事への妨害は土砂を運ぶ大きな船が停泊するその陸との間にカヌーで入り、停泊できなくするといった方法のようで、うまくいけば工事に二時間の遅れが生じるようだ。何日もそれを積み重ねる。巨大な重機が林立する陸に対して、竹槍で抵抗するような果てしのない落差に悲しくなる。

でも本当の海賊はこの海にはいない。空調のきいた、潮の香りもしない会議室で、英語で媚と恩を売りながら、柔らかいチェアーからボードゲームのように駒を動かし、尊厳を剥奪している。彼らこそ本当の海賊だろう。

県民投票音楽祭という二月二十四日の県民選挙について考えるイベントで飛び入りでライブをした。ハンガーストライキをしていた元山《もとやま》仁士郎《じんしろう》が主催するイベントだ。ラッパーのRITTOはライブ中、賛成反対の選択について明言することを避けていたのだけど、同時に理屈ではなく信じていた。言わなくてもわかるはずだということ。その感覚にわたしは励まされた。

「基地をめぐる分断、普天間基地はどうする？　代案出せ」

正直に言って、不勉強なわたしにはよくわからない。きっと、雇用の問題も含め、声を上げることのできない様々な理由もあることと思う。あまりに無力だが、それに対する答えをわたしは持っていない。

ただ、直感的に嫌だなと思うことを背景や概念であきらめなくていい。わたしたちは概念で空を見ない。海の青を概念で見ることはない。ただ、朝の光を浴びるためにカーテンを開け、光の匂いに季節を探す。雨が降れば傘をさし、時に濡れ、風のままに誘われ、街に出て好きな人に会い、好きな音で揺れる。理屈を考える位置からではなく、心があるはずの場所から涙は流れる。

それを捨てなければいけない時、それは人ではないし、奪われてるもの、それは人としての権利だ。その時、理屈は全部あとだ。怒ればいい。あなたの命を見せつける時なのだと思う。

　この世界が何もわからなくても、うたってもいい。言葉が見つからなくても、辻褄が用意できなくても、叫んでもいい。

　わたしたちは生まれてきた時、理屈ではなく泣いていた。最初から意味不明な存在として生まれてきたものが意味を増やし、環境を取り繕ってきただけなのだ。誰かの用意した理屈ですべての感覚に制限をかけることは間違っている。わたしは辺野古の海を見て、どうすることが正解なのかは明言できないが、間違っているということだけはわかった。

　この悲しさが理由だ。この海の色がその理由だ。


　帰りがけ、わたしはどうしてもタコスを食べたいとぐずり、店のオープンまで時間を潰そうと、桜坂劇場のカフェへ入った。信じられないくらい辛いジンジャーエールで両の目はぱっちりと見開き、悶絶する。

　奥田が仕事のメールを打っている間、わたしは二階の陶芸品やガラスのコップを見て回った。窓の外で午後の光が小刻みに揺れていて、その不安定な揺れがグラスにあたり綺麗だった。

わたしは薄いヒビの入ったグラスを購入する。このグラスは無力だし、何のメッセージも発しないが光を招待している。その静寂だけがわたしに語りだす。自堕落を続けているわたしにも生活があって、その光にしがみつき、明日に期待している。わたしは今日もなんだかんだで人間を続けている。

タコスを食べ、店先に出ると突然のスコール。見ず知らずのわたしたちに傘を二本も貸してくれたお母さん。視界は真っ白い霧のよう、わたしたちは傘を突き破りそうな強い雨音を鼓膜いっぱいに満たしながら、タクシーに乗り込んで空港を目指した。

質屋で買ったという純金の指輪をつけたタクシーの運ちゃんはよく喋るが訛りが強く、三割ほどは適当な相槌でごまかした。「仕事やからな」、そう言いながらスコールのカーテンの中を突き進むタクシー。スカートをたくしあげ、水たまりの中をズブズブ進むセーラー服の高校生。雨宿りに疲れたのか、店先で体育座りをしているおっさん。後部座席、しっかり濡れた裾や袖は冷たく、わたしは生きていた。多分、これを読んでいる人は皆生きている。そして生きている人のためにこの世界がある。

だからわたしは信じている。

# 三月の君はちゃんと目をこすって

毎日マスクをして、花粉から身を守るわたしに春の花の匂いなど感じられるはずもない。

小さい頃はもっと花粉症がひどく、こすり尽くした朝には目を開けるのも困難なほどに目やにがまつ毛とまつ毛を繋ぎ、まばゆい光の中を目が見えないままにふらつきながら洗面所に行き、蛇口をひねり、目やにを水でゆっくり溶かすのが日課だった。だから、わたしは風邪をひきマスクをつけると、胸の奥がきゅうんと締め付けられるのだ。

春はなぜだか、死んだ人を思い出す。充血した目を瞑り、もう会えなくなった人のことをこめかみの奥に思う。生きていると、どんどんとその数が増えていく。そのたびに特別な記念日は増えていく。そのうち、三六五日、すべてが祝日のようになるから、じいさんになるのが楽しみだ。

向こう側という世界があったら花粉は飛んでいるのだろうか？　聞きたいことは山ほどあるが、コミュニケーションをとる方法がなかなかない。三途の川にはマスクは持ち込めるのだろうか？　顔認証でマスクを外すことを命じられ、川の真ん中を吹き抜ける春一番にくしゃみをしながら、長い髪は乱れ、投げ出される。目を閉じる。生きてきた時間を思い出しながら、船の上で目を閉じている。その時思い出すのはどんな景色だろうか？

名前のない日を今日も過ごした。誰のことも幸せにできず、誰のやさしさにもなれず、死へと着実に向かっている。体の細胞が呼吸するたびにわたしは思い出に向かっていく。それでも今日のことなどきっと思い出さないだろう。眠る前ですら思い出せないのだから。だけど、今日という日はあった。


最近ソロのライブで二度ほど倒れた。先月の京都CLUB METROと三、四日前の名古屋HUCK FINNでの弾き語りのライブ。栄養不足か、準備運動もなく、家にいる時のローな自分のままでうたい出したせいか、叫んだ後にぷっつりと線が切れたようにブラックアウトして、意識が飛んだ。演出かと思ったと後で言われたりもしたが、絶叫の途中、床に横たわるわたしはあまりに恥ずかしく情けない。

真っ黒な視界のなかでは、自分が倒れている状況を理解するまでに数秒かかる。クラシックギターは放り出されているため、無音。異様な静けさがフロアを埋め尽くす。それは不思議な空気としか言いようがなく、起き上がるわたしは照れているのもあって半笑いになって取り繕うが、当然空気というやつはどうにもならない。

暗闇は後の後まで余韻のように胸に一筋の影を残す。影の部分は日が当たらないからひんやり冷たく、わたしはその思考の輪郭を指で触れるほどにくっきりと感じることができた。

物理的に身体が思った通りに動かない経験のなかで、わたしは肉体と精神の乖離をより感じるようになった。三十年近くキャリアを積んだにもかかわらず、いまだにうまくこの身体を操縦できていない。いや、むしろ下手になっているのではないだろうか。そうやっていつか、肉体を手放す日が来るのだろう。身体中を傷だらけにしながら、四肢の節々を痛めつけながら、わたしはこの肉体が壊れるまで使い続ける。

三月十一日、黙祷する。何もない日がどれほど尊いか、沈黙のなかで考える。わたしはすぐに忘れてしまうから、今日は長く目を瞑った。それでもやっぱり忘れて、またなんでもないことで悩んだりしながら、ため息をついたりするのだろう。

DOMMUNEでは親交を深めている友人たちのトークに交ざってライブをした。人の縁は面白い。リールに巻かれる糸のごとく、いるべき場所にすごい速度で吸い込まれていく部分はわたしの自分でも好きなところ。

直前のコムアイがうたう前にマイクを通して丁寧に喋ったから、つられてわたしも話をした。先にも書いた、身体のことだ。理論や言説は肉体を持てない。どうしても肉体や温度を持ち込めずに構造は会議室の中で組み上がっていく。わたしはせめてこの日くらいは自分でいたかった。ずいぶんとでたらめなライブに見えたかもしれないが、精一杯わたしはわたしをやった気がする。

わたしはそれでも忘れてしまう。だから何度でもやらなければいけない。悲しいことも悔しいことも馬鹿だからしっかり忘れて、また信じて、また傷ついてしまう。毎回、毎回がはじめてのことのように何度でも最初から悲しくなる。辺野古のこと、ネイティブアメリカンのこと、死んだ友だち、思い返してもひたすら悲しく、人間の業の深さにただ悲しくなっているわたしは、現代社会のでたらめを生きるには初心者すぎるのかもしれない。それでもきっとまた人のことを信じてしまう。

「生きたい」

いつか、ただそうとだけ繰り返す機械のようになって、プロペラも回らず、肩には草が生えて飛ぶことも戦うことも忘れた戦闘機のように、いつかの風景になる。その日までは飛んでいたい。そこに空がなくても。わたしはまだ飛べる。

# でるお監督

「緊張して手が震えてるねん」

電話口で声も震わせ、でるおこと神谷《かんだに》亮佑《りょうすけ》はそう言った。彼の撮ったGEZANのドキュメンタリー映画「Tribe Called Discord」の告知がいよいよはじまったからだ。

「緊張しても何も変わられへんから、ほっとけよ」

緊張している相手にはまったく響かない真っ当な返しに、案の定黙り込むでるお。

考えてみれば、この男と出会ったのはもう十年近く前になるだろうか。

「俺。パンチでるおって言うねん」

そう言って差し出した手をわたしは、払いのけてシカトしたように思う。なんて胡散臭い名前なんだと思い、関わることを拒んだが、かくいうわたしも何とかかんとかピーポーというふざけた名前をしているから、人のことを言えたたまじゃないことは薄々感づいていた。

「俺、映画監督になりたいねん」

その男はシカトしたわたしの視界に飛び込み、まっすぐにそんな言葉を投げ込んできた。無防備な人間に弱い節があるわたしは、少し遅れて手を差し出した気がする。なんだかんだで出会いの衝突を避けきれず、このタフさだけが売りの男と親交を深め、ボロい大阪のアパートで安い酎ハイを飲みながら、甘すぎる映画の構想などを聞かされダメ出しするなんていう、そんな期間が続いた。厳密に言えば今もそれは続いている。

GEZANが大阪から東京に拠点を移し、理由はわからないが、いつの間にかでるおも東京に来ていて、全感覚祭や、ドキュメンタリーのために毎ライブ、張り付くようになった。わたしが舵を切る船だから、右往左往上下左右に揺れ、普通の神経じゃ船酔いどころか振り落とされるのが通例なのだが、でるおにはスッポンを超えるタフさがあった。どんな状況でもそのモチベーションを崩さず食らいつく姿勢にいつも驚かされ、いつからか、才能とはタフさなのではないかと思うようになる。

しかし、そのタフさの裏側で犠牲にされまくっているものがあることには薄々感づいていていた。何気ない会話に花が咲いていると、知らない番号からの着信が机の上で鳴り、アイフォンの画面を無言で裏返すシーンを何度も見た。それは取り立ての電話で、彼の闇金からの借金はとうに限度額を超えていた。その現実を笑顔で裏返し、会話を妨げることをしないでるおは社会的にはどうしようもなく最低だが、十三月的には真っ当な愛すべき男なのだ。

そんなでるおをアメリカツアーに誘った時、彼ははじめてわたしの誘いに迷った。とにかくお金がやばすぎるのだという。状況を納得はしつつ、そんな彼をKiliKiliVillaの安孫子《あびこ》さんと飲みながら、銀杏BOYZのツアーのことなどを交えて、力技で説得した。なんのために今まで食らいついてきたのか?

結果、交通費などはボディビルディングプロジェクト（アメリカツアーのためのクラウドファンディング企画）で手にして、我々はまんまと彼を飛行機に乗せて、五人で海を渡った。

アメリカツアーでわたしはすぐにホームシックになり、いびきのうるさいメンバーとは床を同じにすることもきつくなって、でるおと行動することが多くなった。

ツアーの中盤頃だっただろうか、雨の日のサンフランシスコ、借りたサスペンションの壊れたボロボロの車の中で、でるおは、日本に戻ったら就職して映像やめようと思っていると暗い顔でわたしに言った。

もうすぐ三十歳になる。誤魔化すのも限界がきていると。引き止める言葉を探したが、彼の思いつめた顔はその言葉を吐くことを拒否した。よくある、アーティストの幕切れ？　幾度となく見てきた引き際？　わたしたちは二人で並んで巻きタバコを吸った。窓に冷たい雨が当たっては落ちていくなか、煙が静かに二本上がっていた。さみしい時間だった。

でもこのドキュメントは、そこで終わる話ではなかった。

それからもツアーは続き、出会いのうねりは加速していき、その後わたしが書いた文章をカンパニー松尾が見たことをきっかけに、事態は思わぬほうに展開していく。それで、気がつけば劇場で公開だとさ。人生何があるかわからないな。食らいついてきた男の名前がエンドロールの最後に刻まれている。あの頃、汚い部屋で顔を真っ赤にして映画監督になると言った男の言葉が本当になる。

思い切って振り抜いたことが報われるといいな。そういう世界じゃなきゃ嘘だ。これはドキュメンタリーの背景でしかなくて、内容に関係ないようで、ちゃんと関係している。このでるおという男の揺れ動く視点が、このドキュメンタリーが、映像が、映画になった最大の鍵なのだと思う。この乱雑な才能がまた新たな旅になることを願っている。

映画の詳細は語らない。スクリーンで会えることを楽しみにしてる。だって映画なのだから。

でも本当にこの世界にはいろんな人がいる。ワイドショーを見れば信じられないような感性の人もいたり、それを薄目で見て日本人として一緒にくくられたりする。あんまりだ。誰かを、知らない間に傷つけている。軽蔑するが、自分だって無知であることで暴力に日常的に参加していることだってある。

わたしにできるのはその瞬間を切実に生きることだけだろう。きっとあなたもそう。毎日葛藤しながらカレンダーをめくる。

# 純喫茶ローレンス

看板に誘われていた。

「純喫茶ローレンス」と書かれたその看板を見た時、その数秒後にはわたしの足は階段を上るために石の床を蹴っていた。

吸い寄せられるような暗がり。重い扉を押してなかに入ると、誘われるように惹かれた理由が溢れでてきた。

そこで流れている時間は、時計の針が刻むリズムとは一定の距離を置いた、独自に間延びしたものだった。

何種類もの花や草は枯れ、ドライフラワーとして店内を埋め尽くし、クルミの殻やドライフルーツ、置かれた物たちはくたびれて、でもたしかに存在していた。彼らは時代に参加することを拒絶しながらそこにいて、静かだが気丈に振る舞っていた。

黒く表面の硬い革のソファに座るとズブズブと腰が沈み込む。一度座ったら容易には立ち上がれない怠け者を製造するための深度。数秒で人としての役目を放棄したくなる。東京にあるお店のほとんどはその回転率を早めるために経営の観点からこの高さを選ばない。松屋のように中腰で立たせることを前提にしている椅子に常識が慣らされている自分は、この程度のことに新鮮さを感じる。

「わたしはコーヒー嫌いだから」

そう言って、六十代半ばと思われる女主人はメニューを持ってきた。ここからここはできないから、と指さされた箇所がメニュー表のほとんどで笑える。

店内の雰囲気ともあいまって、魔女のような雰囲気を持つマスターは若く、隠せない気品が溢れていた。

「あなた音楽している人?」

メガネを手で触りながら聞く。

いいえ、ちがいますと答えて、わたしはミルクコーヒーを頼むと、そのミルクとコーヒーの割合について尋ねてくる。甘いものを欲していたわたしが、ミルク七コーヒー三と伝えると、「ほとんどミルクね」、そう言い、カウンターのほうに歩いていく。

靴下のトップを小さく折り返す足元と黒いフリルのスカートはモダンで、洒落ていた。

そこからこの七対三が出てくるまで果てしない時を要した。店内には建築関係者と思われるお客さんが一人。その常連のお客さんに飲まないコーヒーの味見をしてもらい、なみなみ注がれたミルクコーヒーがお菓子と一緒にテーブルに置かれたのは一時間半後。でも不思議と悪い気はしない。あとで思えばその時点でわたしはこの場所に惚れ込んでいたのだ。いや、きっとドアを開けるために階段を上っていたその時から。

奥のテーブルの上なんて、コーヒーカップを置くわずかなスペースすらなく、花であふれていた。

「あの紫陽花は枯れた後も紫陽花だよ」

「優陽」というわたしの曲のリリックを思う。

まるで永遠のように、かつての色を失った花たちはその部屋の景色になっていた。平成から令和、そんなニュースすら届くことなく、その花やテーブルやミルクコーヒーの湯気は永遠を当たり前のように生きていた。今まで何人もの旅人が静寂のなか、コーヒーをすすりながらその景色を眺めただろう。彼らの思念とも言えるため息が、浮遊しているのをわたしはたしかに見た。

聞くとこの純喫茶はお父さんから引き継ぎ、ずっと休まず続けているという。店内に飾られた怪しい絵も彼女が描いたもののようだ。

この綺麗な人のことを思う。

狂気的なほど複雑で豊かな世界観と知性を持ちながら、狭い店内で、曇った窓ガラスから外を眺め、長い時間を枯れていくこの花たちと暮らしている。

どんな恋をしてきたのだろうか？　これだけ若くあり続けているのは今でも恋をしているのではないか？　遠く、誰かを待ち続けていることを想像してみると、どこからか海の匂いがする。そんな気がした。

何かを諦めていることが、許していることがある。これを聞いてピンと来る人のほうが少ないと思うけれど。

何を主張するわけでもなく、ただ存在していることがやさしく思えるそんな人がいる。

わたしは彼女が自分の時間を生きてくれているという、ただそれだけのことに救われていた。ミルクコーヒーが胃袋へと流れ切るまでの間、わたしは彼女の作ったその空間に生かされていた。

帰りがけ、あなたが座っていた席は五木寛之《いつきひろゆき》が小説を書き続けていた場所で、直木賞受賞の知らせもこの黒電話で受けたのだと言う。

このソファに座る人は人生を思い悩んでいる人が多いとも言っていた。わたしもその迷い人の一人なのだろうか？　笑えない。

平成は終わりに向かっている。答えは何も出ないまま、日々は繰り返し、新しいとされる時代の扉を無理やり開けようとしている。不完全なものたちが外面ばかりを取り繕って作った仮想文明。わたしたちが変わらない限り新しい時代など来るはずもない。同時にあなたが変われば、数日後に来る平成の終わりを待たずとも時代は変わる。時代の正体はあなた自身なのだから。

ちょうど、この純喫茶に流れる名もなき時代を彼女が生きているように、それぞれの二つの目が見ている景色の中にだけ時代はある。

お会計を済ませて、ありがとうと別れをつげると、彼女は、「体に気をつけて、あなたの人生を生きてね」、そう言った。

はじめてのお客さんにそんな言葉をかけられる人に、わたしははじめて会った。

自分の時間を生きよう。どんな些細な人生であっても、わたしは他人を生きるほど暇ではないから。

わたしは階段を下りて、金沢の空に大きなため息を吐いた。

わたしのため息だ。

# 銀河で一番静かな革命

深夜のファミレスにはある種のグルーヴがある。明らかに帰る家がなくドリンクバーで何時間もしのぐおじさん。黒い鞄を小脇に携えたホテヘル嬢だろうか、うつむいて電話を待っている女の人。未成年と思われる勉強のできなそうな家出少年。席は向かい合ってはいるが、お互いの顔を見ることなくゲームの画面に没頭するオタク。

各々が訳ありなムードを内包しつつ、そこには不干渉だ。だがたしかに存在していることをお互いに肩で認知しあっている。手を取り、徒党を組むことだけではなく、不干渉だが無関係ではないというグルーヴも存在することをわたしは真夜中のファミレスで学んだ。

行きつけのジョナサンにわたしが入店して二十四時間をゆうに経過している。店員はわたしと目が合うと会釈するが、毎日来るためだろう。その微笑みにもわずかだが親しみを感じ取ることができた。

わたしはタイプしている。当たり障りない趣味の有線がややうざったい店内で黒いキーをパチパチ打ちながら、複数の人間の人生を描いている。このキーボードを打つ画面の向こう側の景色を創造することは、まるで神様の仕事で、大げさなようだが、時にナーバスになることもあった。現実世界の友人と同じように、書いているうちに登場人物に思い入れも生まれる。

誰かの人生をそんな簡単にコントロールできてしまえることなど、冷静に考えると荷の重いことに思えたが、それでも走るわたしの指は自我を忘れ狂ったようにタイプしていた。


『銀河で一番静かな革命』にヒーローは出てこない。この世界を救う圧倒的な救世主不在の革命の物語だ。

この星を揺るがす何かに一切の決定権をもたない、マイノリティという言葉で片付けられるわたしを含めた小数点以下の存在。二〇一九年、それでもたしかに存在している。

季節が変わる時の空の色を見て、意味もわからず感動したり、目を覚ましたら低気圧のせいで何だか落ち込んでいたり、枯れていく花を見て綺麗だと思ったり、風邪で朦朧としながらもう会えない人をその眉間に思い出したり、瘡蓋をはいでその傷口の匂いに妙に安心したり、好きな人の首を絞めたくなったり、悲しくもないのに涙が流れたり、夜の街を見て死にたくなり、あくる朝の光を浴びて生きてみたくなったり、人を愛したり、傷つけたり、わからないままのこの世界に一切の変化を与えない日でも、わたしたちはもれなく生きている。

人を傷つけることなく、言語のテロに参加することなく、その景色を変えることができるだろうか。わたしはわたし自身のすでに持っている自由について思いを馳せていた。

小説を書きはじめたことは、わたしにとって新鮮だった。昨日と今日の境目もなく、ふしだらでだらしのない毎日を送るわたしにルーティンという軸を与えてくれた。書き疲れ発光した頭でファミレスを出ると、つんざくような朝日に五臓を串刺しにされ、立ち眩む体を支える手すりの感触。大雨に打たれ、ノートパソコンを守るためにシャツを脱いで、包み、上半身裸で自転車を漕いだ夏の夕暮れ。そのどれもが本編には直接関係はしていないが、『銀河で一番静かな革命』という小説がわたしに与えてくれた体験だ。

　編集の竹村さんとは何度も喫茶店で打ち合わせをした。濃いコーヒーを何杯も飲みすぎたわたしはちょっとのカフェインではもう目も覚めない体になってしまった。断言できるが、わたし一人では書き切ることができなかっただろう。

　子どもが最初に出会う社会が家庭であるように、わたしの文字を並べて描いた命やその一文一文に寄り添い、仕事としての側面と一読者としての好奇心の両軸を持って関係してくれた。そうして誕生した一冊のことを一番に喜んでくれたのは紛れもなく竹村さんだった。

　それはトップの発言や行動が背景を作り、拭い去れないイメージを形成したとしても、何度も読んで根気強く仕事をしてくれた日々が変わることはない。過去に出版されてきた作品や同様の立場にいる編集者にも同じことが言えるだろう。これは肉体を持ってこの経験を通過した個人の感情論でしかないことはわかっている。

　当然、構造とは無関係ではないが、わたしは顔の見える信用できる人とのドキュメントのなかで本を書いた。

「あの国は過去にこんな歴史があるから、この国はトップが最低だから、以下その国民は総じてクソだ」

否定されるべきこの悪しき構造と類似した今回の編集者への人格否定への過剰さには、リベラルが本来持つべき多様性という概念が欠落している。レイヤーは何層もあり、見つめる視点によって変わるそのすべてのレイヤーを想像することは難しい。だが、困難だからと言って大義のために想像力を欠如させていいという理由にはならない。

だが何より、仲間である編集者たちが積んできた時間をそういった批判の波風に晒す結果を招いた見城さんの行動を残念に思い、悲しみの念を拭えない。出版社として様々な考え方を許容するという前提の姿勢、それによって実際に様々な立場から書かれてきたリベラルな本がどれだけのものを繫ぎとめていたか。もしもこの発言で出版が停止になったとしてもこう記す。わたしに力を貸してくれた編集者が悲しい思いをしているのが耐えられない。

言葉は人を破壊する。自らを守る武器にもなり、誰かを傷つける凶器にもなる。わたしたちは鋭角の凶器が複数、電波に乗って飛び交う世界を片足で渡っている。いつまで戦いは続くのだろうか？　このゲームに終わりはあるのだろうか？　自戒を込めて思う。言葉を、想像力を、レベルを、表現を、自問自答を繰り返す。誰かを傷つけないと自分でいられないそんな世界のことを。心はすぐに壊れる。大げさでもなんでもなく人は簡単に死ぬ。

わたしは誰に勝たなくても何にも負けてない、その日々のためにうたっている。コードの上で、リズムの上で、紙の上で。

破壊ではなく、切実に生きることを尊重するという革命があるはずだ。想像力という言葉はそんな時間のために用意されている。


今日は雨が降っていた。木が揺れ、葉を振り落とし、駐車されている車のフロントガラスに大粒の雨が当たる。風邪気味のわたしは一週間咳が止まらない。喉の奥の痰は酸っぱく、えずいた後にでた固形のそれを舌でしばらく転がし、不快な気持ちで道路脇のドブに吐いた。白と蛍光緑の混ざった菌はゆっくりと流されていく。傘をささずに歩いていると肩が濡れて重たくなっていくのがわかる。見上げたこのビルも、この信号も、電柱や電線、そこで羽を休めているカラスも、遠くに見える鉄塔も、神社に吊るされた絵馬もそこに油性マジックで書かれた願いも、全部が濡れていた。雨ざらしの日々を今日も各々の混乱と歩いている。

感じているだけじゃダメだ。これからも考え続ける。

# 宝石のたそがれ

逃げてきたんだ。

海を目の前に思っていた。数センチ、体を前に傾けるだけでこの肉体をなかったことにできる、そんな防波堤の端から、金色に照らされた渦を見て思っていた。何から逃げてきたのか、その根源はわからない。ただ直感していた。

防波堤の上では干からびた獣の死骸が白骨化している。全体の半分くらい残った皮と牙や爪らしきものも見えるが何の動物かはもうわからない。こうなっては個体から個性は剥奪されている。いいやつも悪いやつも権力も階級もない。死後の世界までプロフィールというやつを持ち込めないであろうことに安心する。そうであればお墓に入ることなどはなから無意味だから、わたしは拒否したいと夕暮れのなかで決意していた。

足でつつくとわずかだが生き物特有の鼻を突く腐臭がして、何の感情も高揚することなくわたしは無意味にその獣の骨を海に蹴落とした。金色の渦は大きな口を開け飲み込んで、ものの数分で見えなくなった。

北海道、日高のMKランチには二年前にも来ている。馬小屋で青葉市子とともに生音でライブをし、ホースマンシップという馬とのコミュニケーションを体験した。その時のことは寺尾紗穂編著の『音楽のまわり』という本で書いているが、馬の上に乗って過ごした時間は本当に忘れられない経験となった。アースオーブンという消防車を改造した車の後部に設置された釜で焼いたピザの味もよく覚えている。

日高は昆布と競走馬を育てる牧場が数多くあることで有名な町のようで、いたるところにそのどちらかのモチーフが描かれている。馬の絵は学生が描いた風のゆるいテイストが目立ち、その雑味が妙に人懐っこく懐かしく、こういうスキのようなものは東京からは追い出されていることを感じた。人間も不完全なのだから、絵も計算され尽くした精巧なものよりも不完全なほうが健全に思える。

道中、その極致を思わせてくれる多幸感に溢れた牧場があったので足を止めた。

様々な工業道具に明らかに手描きの有名キャラクターのはるかなる可愛さに悶絶していると、入り口で草むしりしているお姉さんがいたので、挨拶し、誰が描いたのかと尋ねたら、「お母さんです。恥ずかしいですよね」と笑っていた。恥ずかしいどころか幸せにしてくれてありがとうとお礼を言い、抱きしめたい気持ちでいっぱいだった。あとで撮られた写真を見て、わたしはまだこんな顔で笑えるんだなとしみじみ思った。

車を走らせ、会場であるMKランチに入る直前、一頭の野生の鹿が急に視界に飛び込み、そのまま車の前方に向かって駆け出した。もう少しで事故になるところを間一髪で外し、ゆらりと徐行し鹿の背中にヘッドライトを当てながら追っていると鹿は左にそれて田んぼに入り、そのまま山を目指して駆けていった。仲間の待つところにでも向かうのだろうか？　彼女は一度も振り返らなかった。当たり前だが、生きているのは人間だけじゃない。

今回はライブはなく、ただそのホースマンシップのためだけの合宿滞在である。一体何に惹かれているのか、その正体はわからないが、前回の滞在から今に至るしばらくの間、わたしの内側を馬は駆けていた。決まって満員電車や、混雑した雑踏のノイズの中で思い出す。その吐息や温度のこと。

今現在、馬小屋の横のコテージで、天井を左に回る空調のプロペラをぼんやり見上げながらこれをタイプしている。喉が渇いていることに気づいたわたしは水道水を一杯コップに注ぎ、勢いよく飲み干すとお馴染みのあのカルキの味はなく、胃袋へとストレートにその透明は流れていく。


気分転換に外に出ると北の六月は長袖のシャツではだいぶ寒くて、今年よく着たパーカーをフードごとかぶってちょうどの気温だった。見上げると異常なくらい星が瞬いていて、その黒闇の深さに驚き、異常と感じるくらい東京のやせ細った微光の星空に慣れてしまったわたしの哀れさを思った。それは水道水の美味しさにも同じことが言えるだろう。タバコをくわえてその貧しい肺いっぱいに深呼吸するとクラクラして立ち眩んだ。

何から逃げてきたのだろうか？　何かを受け入れようとしているようにも思う。不意に開く、友人のカラオケをしているインスタグラムのストーリーが遠い異国の出来事のように思えた。それぞれの時間がタイムラインという共通認識の下で一定に流れている。自分だけがその時間の隙間のスポットに取り残されているような、はたまた真空の未来にいるような。わたしは真っ暗闇の中で一人ぼっちだった。

一人でいることを寂しく思い、様々な方法であたかもそうではないかのように他者を絡めた仕組みや構造を作り、わたしたちは幻想に参加している。暗く冷たい夜はそこに用意されていた接続詞を一つ一つ丁寧に破壊していく。

ヤギがメエと鳴く。寝ているのに混じって何匹かはわたしのように夜行性のものがいる。どこかで鈴を振るように虫が鳴いている。そのメッセージなど知る由もないが。

なぜだか、サイレンが遠くで鳴り響く渋谷の夜を思い返していた。

わからないという名の銀河を泳いで渡る星つぶだよ。

どこかで歌が聴こえた。そんな気がした。

その晩は珍しいことにうまく眠れた。

そして今朝、ヤギのメエエというわかりやすい牧場のサウンドトラックで目を覚ます。いつもなら耳の外側で鳴っているはずの車のエンジン音はなく、その音の位置ではヤギとポニーが牧草をつついている。

誰も知らない今日がはじまった音だ。服を着替えて、その指は紐をぎゅっとしめる。体の中を回るのは逃げてきたやつの鈍い血ではないことがわかる。

# 捏造された肘

長雨。ずっと胸に溜まっていた重たい空気がついにはどんよりと足先まで落ちていった。そのせいで街へ出るのも、息を吸うのも、どんな些細なことでも通常よりもワンテンポ遅れてしまう。七月。

アイフォンをなくしてしまった。しかも部屋の中で。

混乱を絵に描いたように荒れ狂った部屋。金魚のヒレのような赤い衣類の中に紛れ込んでしまった。さっきまではアイフォンで連絡を取っていて、いざ家を出る時にないことに気づいたのだから、部屋にあるのは確実で、だとすればすぐに見つかるだろうと高をくくっていたのだけど、見つからないままカレンダーはめくられ続けた。アイフォンケースを赤くしていたのは誤算だったように思う。

二〇一九年の全感覚祭の準備で忙しいこの時期だからおそらくパンクするほどメー

ルはきてるだろうし、気持ちはしっかりとざわついているが、それとは裏腹に妙な諦めが退廃的で心地良かったりもする。

わたしはすぐに物をなくす。ツアーの後半、ギャラをまとめた封筒を座席に忘れたり、映画の入場券を空のドリンクと一緒に丸めて捨ててしまったり、ポケットの中のぐしゃぐしゃの一万円とSuicaでやりくりできてしまうことで財布を落としたことに気づかず一週間が経っていたり、どうしてそんな簡単になくせてしまうのだろうと付き合いも長くなってきたこの人間の感性を疑いたくなる。こんな風にして大切な記憶もいくつも落としてしまったのだろう。

そう言えば、この一か月たくさんいろんな景色を見た。なんてことを不意に思い出す。

馬の背中でたてがみを撫でた指、窓から吹き込んできた牛のクソの臭い、朝ごはん、米の炊ける匂い、高校時代通ってた川べりでうたったこと、突然の夕立、雨宿りした神社、カラスにつつかれそうになる弁当、書きかけの歌詞、一度しか会ったことのない人の顔、前後の記憶も曖昧に混ざり合いながらコップから水があふれ続け、しっかりとこぼしながら令和最初の夏のはじまりを歩いていた。

人からもらったやさしさや記憶を落としたことすら忘れて、のうのうと髪なんかを伸ばしやがって生きているクソやろう。お前が物に紛れてさらわれちまえ。

電車に揺られ窓から遠くを眺める。時間ができるとついインスタグラムなんかを見て時間を潰していたことに気づく。麻婆飯やコンソメ、ガッツ石松の不動産。いつもより看板が目につくのは空を見ている時間が長いからだろうか。苔の緑色が発光して視界に飛び込むのは、二日酔いのせいかもしれない。昨晩のDJ NOBUと石野卓球の夜は素敵に酔った。踊るの大好き。

目的地一つたどり着くのも、いかにグーグルマップに頼っていたか。ヒカリエの場所がわからない。渋谷のスクランブル交差点で目線を上げると洪水のように降り注ぐ宣伝の光、ＬＥＤ。そのめまぐるしいテンポに混乱する。イヤホンで音楽を聴いたり、目的地までを検索した画面を見ていたり、意識をそらしている人にも飛び込めるように細切れに分断されたストロボのような情報は灰色の大気の中を走り抜ける。それだけを直視する人間のために用意されたリズム感ではなからないみたいだ。

偶然居合わせたお客さんに場所を教えてもらい目的地までたどり着いた。会場に着くとおとぎ話の有馬くんがライブを終えた後で、わたしは半目で廊下を歩き、楽屋に入った。あと十分でCINRAの言葉をテーマにしたトークイベントがはじまる。チョコレートから糖分を摂取し、コーヒーで流し込む。あまりにコーヒーのカフェインを普段からエフェクトに使いすぎて、もはや目も覚めない屈強な体に仕上がってしまっていたため、寝ぼけたまま壇上に上がる。話しているうちにだんだんと体があったまっていくのがわかる。

家に帰ると、雨足が再び強くなっている。部屋干しした洗濯物から生乾きの臭い。こんな場所に居たくないと荒廃した洗濯物の上に転がりながら天井を見た。せめてもの抵抗としてコーヒーをいれ、お気に入りのカップに注ぐ。これだけ捜しても見つからないのは落としたのは部屋ではないのではないか？　そう思えなくもない気がしてくる。

過去はほつれた糸のように細く、風に揺られている。記憶は簡単に捏造される。強引な事情聴取の果てに、やってもいない犯罪に頷いてしまう冤罪が生まれるであろう、その容易さを想像していた。今回の場合、捜査員も容疑者も自分なわけだけど。
記憶が捏造できるなら、ちゃんと言えなかったことも、あの時、右ではなく左を選んだことも、あの時、ありがとうでなくさよならを選んだことも、すべて捏造して綺麗に最後を迎えられるだろうか。事実は何を救うのだろう。それでも現実に固執しているわたしは毎日に何かを期待しているのだろうか。散乱した服の上で寝返りを打つとわたしの衣類から人間の匂いがする。どうやら今日も、だらしなくも人間のまま一日を終えるようだ。

雨の音で目を覚ます。また生乾きの洗濯物の匂い。肩を小雨で濡らしながら、コーヒーを買いに行く。最近は、家のまわりに糸トンボが飛んでいる。わたしが一歩踏み出すと糸のように軽い複数の体が柔らかい曲線を描いて立ち上がる。中庭には蛇がいた。悪そうな顔をしたやつ。ここは本当に東京なのだろうか。

今日はZepp Tokyoでライブなので、雨に当たる。濡れてみる。季節が体に入ってくるとようやく、わたしはわたしになる準備がはじまる。

Zeppに着くと、カレーの匂いがした。BiSHのチッチが楽屋に鍋を持ち込んで関係者用に作ったみたいだ。食べ物はすごい。最短ルートでその人の身体の中に入り込む、GHOSTのよう。わたしの後ろにだらだらと付いてくる身体を持たない彼らにもわけてあげたい。

会場がオープンすると最前列を確保するために走り込んでくるお客さんがモニターの画面で見えた。走ってる大人って大好き。二、三人は足がもつれてこけていた。

ダサい関係者がスーツで二階席からフロアを分析するようにパソコン片手に小難しい顔で細い顎の先端に指を添えている。音楽をそんな風に見ているのは正直だいぶ気持ち悪いね。こういう大人が日本の音楽の未来を作っているのだとしたら全力で否定したい。一度でもいいから死ぬほど音楽に溺れてみたら、現場であの顔はできないと思うのだけど？

楽屋は全感覚祭と同じ音響やステージチームで溢れかえり、自然とミーティングがはじまる。見渡せば頼もしいメンツに囲まれている。フジロックもこのメンツで臨む。閃光。光の線になって、駆け抜ける。ライブが終わって、汗をぬぐいながらこの夏は記憶すら追いつかないそんな夏がいい。そう思った。空調の音、ひねったらまずそうなよくわからないバルブ。知らない人と人が作る海。ステージ脇の影。

どうせ忘れるなら何度でもはじめてのことのようにうたえばいい。

気づいたら、その光の束の中心で夏がはじまっていたという話。

# フジロック

二〇一二年、はじめてフジロックのROOKIE A GO-GOに出演する。ベースのカルロスが勝手に応募していて、大阪にいたGEZANが選出され出演した。その頃の自分たちにしてみれば大きなステージで、それなりに楽しみにしていたし、実際に演奏自体は楽しかった覚えがある。もううっすらとした記憶だけれど、中村達也《なかむらたつや》さんがはじめて見にきてくれたのもその時で、苗場ですれ違うたびにぎこちない下山ポーズをしてくれた。ただ、アーティストパスはもらえなかった。三日間の通し券をもらうだけでアーティスト用の通路は通れず、お客さんと一緒に牛歩の泥道を歩くのはなかなかこたえるものがあった。しかし、そんななかでたどり着いたWHITE STAGEのREFUSEDやTHA BLUE HERBを見て、ここに立つことのできない未来などないと確信した。

そのフジロックを挟んで、わたしは大阪から東京に拠点を移した。引っ越しの渦中で大きなステージで鳴らすアクトの姿を見て、出られないのだとしたら神様の書いた脚本はあまりに味気なさすぎると思ったからだ。

だからその時が来るまでフジロックには遊びにも行かないと決めた。次来る時はこのステージに立つ時なのだ、とわたしは何かと約束したのだった。友だちのバンドが毎年次々と出演していくなかで、七月が来るたびに苛立っていた。バックヤードでの有名アーティストとのツーショットなんかをあげている友だちを見て、一人、部屋で悪態をついた。まあ単純なる嫉妬ですね。

事務所もレーベルもないこの環境では無理なのではないか？　事実、メジャーレーベルなど、フジロック出演を餌に誘ってくるところはいくつかあった。でもそれにはなびくことなく活動を続けてきた二〇一九年、カルロス宛にオファーが届く。そのステージはWHITEだった。赤じゃないんかい！　と思いつつ、さらにひとまわり大きなWHITE STAGEで演奏する姿を想像することはシンプルにドキドキした。友だち全員来てくれよなとゲストの数も気にせず誘いまくった。

わたしたちは下北沢のスタジオで何度も演奏する予定の曲たちを練習した。専属でついてくれているPAの内田直之《うちだなおゆき》も何度か来てくれた。しかし、フジロックの日が近づくに連れて、妙な緊張感がバンド内でこじれていく気配を感じていた。

元々、プロフェッショナルと呼ばれるような基礎の固まってる者はメンバーの中に誰もおらず、中学時代からの連れであるイーグルやカルロスからなんとなくはじめたバンド。律する者がいないのもあって、意識がうんと低かった。機材のメンテナンスや情報共有など、その意識の低さが大舞台を前に露呈していく。

フジロックの一週間前、岐阜の野外フェスでトリ前の出番だった。フジロックと同じ持ち時間であり、PAも内田さんであることから、前哨戦的なイメージで、セットも近いもので臨んだ。しかし、中モニターとのやりとりの不備やそれによって鳴らされるハウリングで演奏は何度も止まり、挙句その静寂のなかでわたしがモニターのスタッフに怒号を飛ばすなどのハプニングが続出した。お客さんはその怒号にドン引きして、視界一面が白けているのをいっぱいに感じた。やけくそを叩きつけてステージを降りた我々に目を合わせないようにしてトリのシャムキャッツの夏目くんがメンバーに、「いつも通りやろう。大きくやらなくていいから。普通で」と話していて、なんかえらいなあと息絶え絶えになりながら思った。

そんな波乱の日の翌日、フジロック前最後の演奏は、岡山ペパーランドでのライブだった。この日、昨日の波乱を平らに整えて綺麗にライブを終え、自信を調整しフジロックに向かうはずだった。ナーバスを振り払わないといけない、そう意気込んでいたのが裏目に出たのか、ライブがはじまって、五分も経たないうちにイーグルのギターの音が出なくなり三十分ほどドラムとベースと歌のみの演奏になる。何をやっても音が出ない。隣で「なんでやねん」とイーグルのか細い声が聞こえた。後で調べたらマーシャルのアンプが燃えていた。何かに取り憑かれていると思った。

楽屋に帰った瞬間、胸ぐらを掴み喧嘩になる。

その間にPAの内田さんが入って、「ここで悪魔を置いていけ。今日ここで」、そう言った。その時の内田さんの怖い顔は今でも忘れられない。

その晩、イーグルは見たことないくらいにベロベロになった。泣きながら道路にへたり込み、痴態を晒している。内田さんはずっとその横について朝まで、つぶれるまで付き合っていた。

「これからは内田さんって呼ぶんじゃねえ。ウッチーって呼べ」、朝方の岡山の居酒屋で聞いたこのフレーズは完全なるパンチラインとして、バンドの歴史に刻まれた。

そうやって我々はチームになったのだ。

苗場には車で向かう。出番は二日目だが、よく休んで万全で臨めるようにと前日入りしていた。苗場プリンスホテルに着き、チェックインを待っていると会場のスキー場からどこどこと低音が聴こえてきて、それだけで胸が高鳴る。わたしは辺野古の問題についてのトークセッションへ沖縄でハンガーストライキなどをした元山仁士郎に誘われていたので、皆とわかれて、一人その会場に向かった。GOTCHやDYGLの秋山くん、津田大介《つだだいすけ》とともにこの問題の根深さについてディスカッションする。

その晩、皆で明日のミーティングをしてから眠ろうと、LINEを入れると、カルロスからすぐに電話がかかってくる。受け取ると、イーグルが家にギターを忘れてきたから今車で取りに帰ってるという。マヒトに言ったらキレられるからと内緒で帰ったらしい。頭に血が上るのを感じ、苗場プリンスホテルのロビーで絶叫した。振り返る受付の人やミュージシャンの視線を一切無視して、話を聞くと、眠る前にギターの弦を替えようと車に向かったら、ギターがないことに気づいたらしい。

「何をしにここまで来たのか？　悪魔祓えてないやんけ」

わたしは言いたいことがあふれ煮えくりかえり、イーグルに電話しようとしたが、山道を焦りながらカーヴを曲がってるイーグルの顔がふと浮かんで、震える手を押さえ「安全に戻ってこいよ」とメールした。

「WHITE STAGEだから白いギターでいくねん」、そうほざいていた先週のイーグルの顔が走馬灯のように浮かび、わたしは目眩を催し、振り払うために顔を洗った。

綺麗な夏の空だった。朝方、無事に戻ってきたイーグルは晴れやかな顔をしていて、やっと厄が落ちた感じがした。バスに乗り込み、ステージに向かう。しばらくするとマイクリレーに誘った「BODY ODD」のメンバーが集まってくる。CAMPANELLA、ENDONの那倉さん、NOVEMBERSの小林くん、Discharming manの蛯名さん、鎮座DOPENESSなどに加え普段よく遊んでいるUNDERCOVERチームや松田龍平くんなど、なんだか新旧の友だちがごちゃごちゃと入り乱れていて面白い。

朝一のWHITE STAGEは、これまでenvyだとかTHA BLUE HERBやあぶらだこなど、その時代のオルタナの猛者が脈々と通ってきた道であり、そのステージの上に立ち深呼吸すると吐く息はどこまでも届いていきそうな解放感を持っている。

セッティング中のウッチーによるスネアのダブサウンドが山の向こうまで飛んでいくのが見えて、わたしはフジロックに来たことを実感した。青い空が歓迎してる。

後ろのスクリーンに映像を流すこともできると聞いていたが、いつも通りやりたいからロゴを出すだけに留めた。エフェクトはいらない。

大きく見せることよりも「Wasted Youth」の気持ちのままステージに立とうと決めていた。難波ベアーズの暗がりではじめたバンドが何一つ変えることなく、誰に媚びへつらうこともなくとも、この大きなステージで鳴らせるのだということをリアルタイムで証明したかった。それは自分で言うのもなんなのだけど、これからはじめるバンドにとっても希望だと思ったから。

何の気負いもなく、いつも通り演奏がはじまり、いつも通りあっという間に駆け抜ける。演奏中のことは無心だからほとんど覚えていない。思い出されるのはステージ脇で揺れたり笑ってる友だちや、客席にむけて蹴ったペットボトルの水が散らばって綺麗だったことや、マイクリレーで一つのマイクを受け取る時の一瞬の連帯や、途中降りはじめた雨や叫んでる最中に吹き抜けた静かな風や、空や雲のことばかり。

ステージを降りて記念撮影をすると、再びシャツを脱いで上半身裸になった鎮くんに笑った。ただ音楽しかなかった夏の日の話。

それからのフジロックは何も記憶がなく、ただ飲みまくってただホテルの部屋でうなだれていた。記録的な大雨で、アイフォンの配信で見たりしてね。それはそれでロックバンドの夏って感じがするよね。生きてる。まあ当たり前だけどさ、また来るよ。

# 即興

湯山玲子《ゆやまれいこ》さんの企画で作曲家の新垣隆《にいがきたかし》さんとのセッションに誘われた。新垣さんと言えば、作曲家やピアニストとして有名なのはもちろんだけど、自分にとってはやはり森達也《もりたつや》監督の「ＦＡＫＥ」でのゴーストライターとしての印象が大きい。佐村河内《さむらごうち》守《まもる》を告発した側として出演する新垣さんは、決してドキュメンタリー映画の中で綺麗な描かれ方をしているわけではなかった。耳が聞こえるのか聞こえないのか、長い沈黙の後、その真実は闇の中という固唾を呑む終わり方をする「ＦＡＫＥ」なだけあって、もやついた気持ちは残ったままだったが、自分はそのオファーを受けた。しかし不安がないわけではない。即興演奏の場において、好きではない相手と手を合わせると、そのリスペクトの無さまでもが駄々もれてしまうからだ。そういうわがままなところに自分のプロ意識のなさを存分に感じる。野良犬のようなルーツがそうさせているのかもしれない。

会場はビルボードカフェというだけあってご飯が美味しかった。リハでアンプからギターの音を出し確認する。ずっと使っているムスタングというギターのボロボロ加減がこの場所にひどく不釣り合いで、わたしはなぜだかうす気味がいい。十年前から使っているもので、今では想像できないが最初は新品のように綺麗だった。それが態にひっかかれたような傷を増やしていったのはライブの荒さによるものだ。一時期のわたしはギターは投げるものだと思っていたし、投げないとライブを終われないという謎の呪いにかかっていた。それは大阪のアングラシーンに脈々と続く呪いで、わたしはしっかりとその子どもだった。

子どもは嗅覚が発達する。その人間がどんなレイヤーで生きてるかを嗅ぎ取る能力に長けてくる。わたしは暗がりの中でそういった感覚を身につけていった。

それは野生動物が生存のために発達していく必然に似ているだろう。だってそうじゃなきゃ放たれた獣たちの中で生き残れなかったのだから。

目の前にある日比谷公園に散歩に行くと、ちょうど盆踊りの練習をしていた。人もまばらな公園でだべりながらおばちゃんたちが練習している。提灯の橙色が揺れ、幻想の世界、その噴水を囲む姿はどこか懐かしかった。深呼吸する。セミの声がけたたましく聞こえるが、今年は例年よりも少ない気がした。

毎年、盆の時期には盆踊りに出かける。今年は郡上の徹夜踊りに水曜日のカンパネラのコムアイやダンサーのヤマダアオイらと遊びに行った。岐阜県の郡上市で夜の九時から朝まで踊り続ける徹夜踊りはもうトランスそのもので、ずっと同じ動きで円を描き踊っていると、ちがう世界への入り口が開く音が聞こえてくる。昼過ぎに着いたわたしたちはソフトクリームを食べ、街を散策したのち、文字通り徹夜で踊った。ほとんどのメンバーと離れ離れになったけどひたすら光と掛け声の飛沫の中を浴衣の下に汗をかき踊った。そういえば、お盆の時期は無礼講、例えば他人の嫁と寝ても罪には問われないらしい。神様も見逃してくれるその日に、常日頃から張ってきた気を逃してきたのだろう。日本古来からある文化は艶かしくサイケデリックで大好きだ。

その日もとても暑く、朦朧とする意識のなか、揺れる蜃気楼の先でなら会えない人にもう一度会えるそんな気がする。

わたしは、先週会った写真家の植本《うえもと》一子《いちこ》との会話を思い出していた。家が近所だったいっちゃんと川沿いでボーッと藻の間を流れる鯉を見ている時に、わたしが最近見た霊について話すと、いっちゃんは「今年は石田さん会いに来てくれるかなあ」、そう呟いた。

ＥＣＤこと石田さんが亡くなって一年半。かっこいいラッパーだったけど思い出すのはライブでもデモでもなく、子どもを自転車のカゴに載せ、信号待ちをしている石田さんだった。うれしい生活はこれまでもこれからも続いていく。

「会えるといいね」

わたしは日の差し込む午後の川を見て、そんな風に言った。


会場に戻ると、第二部がはじまるところだった。司会という立場から速射砲のように畳みかける湯山さんの喋りのパワーはフリージャズのようで、否応なく高揚する。新垣さんのピアノはその懐の深さがそれまでの演奏に滲んでいたため、わたしはすっかり楽しみになって叫びたい気持ちになっていた、というか叫んでいた。夏の日がそうさせたのかもしれない。

リハーサルでチェックしたギターに触れず、ピアノ自体や新垣さんに向かって吠えた。遠吠えに適当な音符を当ててテクニックで回避するのではなく、ちゃんと向き合ってくれているのがわかる。動物同士でその場所にいられるとわたしの嗅覚は嗅ぎ取っていた。
「この人はできる」
サイケデリックな時間はその人の背景を背中から後ろに脈々と見せ、そして一瞬でそのコミュニケーションのプロセスを超えてみせる。蜃気楼の中で手を取り合うように。

即興を言葉にするのなんて野暮だけど、即興ほど、生き物と生き物のリスペクトを介した音楽はないと思う。存在を感じ合うことなしに、新しい景色への調和などあり得ない。この日の演奏にはそんな瞬間が溢れてたのではないか。だって細胞が興奮したもんな〜。

「FAKE」を見て、真実にたどり着くことの難しさを知った気になっていたけど、現実はもっと難しい。わたしは新垣さんを見て、あの映画で描かれたような違和感はなかったし、やはり切り取り方次第で真実も人格もいくつだって生まれてしまうことを再認識した。

どうせ勘違いしかないなら、この体まるごと勘違いしたい。ピーポーをどこへでも連れてってあげたい。そして、この体を旅に連れて行ってくれる人や環境は、わたしにとって神様よりよっぽどえらい。ハグしたい。

一晩一晩、綺麗な景色に出会ってもっとわからなくなっていく。そして、わたしの生活を音でいっぱいにして、お盆の時期の夕暮れのように、イマジネーションの上に家を建て、この体に寿命がきたならそこに墓を建てたい。

もしも、会いたい人がいればいつでも会いに来られるよ。そんなパスワードフリーな存在になる。これは、窓は開けておくという宣言だ。覚えておいてね。

# 全感覚祭２０１９

機嫌が悪い時は案外お腹が空いているだけだったなんてこと、誰にでも経験あると思うけど。感情や感覚とご飯は直結している。高ぶった血液を四肢にまで行き届かせるのもなだめるのにもエネルギーが必要だから。そんな当たり前に立ち返るようにフードフリーを掲げた全感覚祭２０１９。

　スポンサーもなくこんな前代未聞とも言えるでたらめな企画が通るのか？　入場料だけでなく、フードもフリーにすることで倍の倍に積み上がってく予算に不安で白目をむいて過ごした。最終的にはその予算は二千万円にまで膨らみ、もうここまで啖呵切ったからにはでたとこ勝負だろと腹を括った矢先に、台風の発生を知らせるニュースキャスター。なかなか痺れる展開に、わたしは神様に祈るかわりに、てるてる坊主を作って窓の端っこに洗濯バサミで留めておいた。週間の天気予報を時間ができるたびに見ては、少しでも甘いジャッジをしてくれるサイトを開くようになっていく。

「それろ」「それろ」

そんな祈り虚しく、予定日にぴったりと台風が襲撃すると、すべてのお天気サイトが掲げた時、わたしはいつものジョナサンにみんなを集めて、中止を告げた。開催を目指して、千葉の会場でスタンバイしていたスタッフに連絡が行き、手伝ってくれていたスタッフの泣き崩れる声がアイフォンのスピーカーから聞こえる。この場所を開拓するために半年以上前から草刈りをし、近隣の人とも関係を作ってきた。

中止と決まれば少しでも赤字をおさえないといけない。スピーカーなどの機材を三トントラックで運んできたチームは、再びトラックに積んで、文句も愚痴も言わずに京都へと旅立った。憎いほど空が晴れている。トンボが旋回する。開催予定日の四日前だった。

ただ、そのまま転ぶのは癪だよって話になり、中止にした翌日の深夜の渋谷で振替をすることを決める。いや、むしろそうでもしないと引くに引けないだろ？　ジョナサンのテーブルの上のポテトは冷え、誰も手をつけない。汗をかいたコップの水を指で引き伸ばす。ほどよく痺れる緊張感が店内に広がっていくのがわかった。

それからは本当に寝る暇もなく、ＬＩＮＥの対応に追われながら、スタッフを集めていく。大箱になると場所が空いているだけでは貸してはくれない。技術のあるPAや照明スタッフとは別に、その箱の機材を管理できるオペレーターが必要で、それがネックになった。そういった障害は大きな組織が所有する箱に多くあり、個人に決定力があるところはやはり速く、そして頼もしかった。

バンドでも会社でも同じだ。わたしのやっている十三月という自主レーベルは、最初のアルバムを出す時に立ち上げた。マイクの立て方もよくわからないなかでZOOMのMTRを買ってきてそこに音を入れ、メンバーだけで作っていった。凸凹で得体の知れない「かつてうたといわれたそれ」は、形容のし難い、いびつで不思議な作品になった。

そうしたオリジナルのラインは、時として先生のいない現場でこそ引かれるみたいだ。正解とわかっているものをなぞり、ちょうどいいあり方がいいセンスとされがちだが、それはどう考えても間違っている。その時代やその景色は常に作り変えられていくなかで、センスは常に上書きされていくものだと思うからだ。

メジャー落ちのつけ焼き刃のインディペンデントとはちがい、それしか方法のないなかではじまった。そのおかげで、困難と呼ばれる状況に直面した時も他力本願ではなく自分で解決策を探す癖がついているのは自分たちの強みだろう。そのことが美談に使われる時もあるが、二〇一九年はそれだけでは終わらなかった。

当初の予定日だった十月十二日。その雨と風の強さは異様な圧で家の扉を叩く。GEZANの出演するはずだった九時頃、外の状況は洒落にならない雨だった。開催できるかもなんて余地は一切残さない潔いハギビスの猛威に目を細めながら連絡を取り続ける。

メール対応を続けながら、朝を迎え、窓を開けると空気の色がちがう。真っ青の空の下、透明な風が肺に吹き込んできてわたしは朦朧とする意識の中で深呼吸する。ずっと吊るしていたてるてる坊主はどこかに吹き飛ばされた。

誰もが同じ台風に怯え、同じ夜を越えて、その抑圧からの解放を喜んだのだろう。その晩の渋谷は歓喜がほとばしり荒れた。ほぼハロウィンのような状態にまで人が溢れかえり、来場者七千人。終電の前に入場を打ち切り、三千人ほどが溢れた。音楽や刺激を求める人がこんなにも多いのに驚いたが、それ以上にそれを支えてくれる仲間の頼もしさにこそ救われる。別のライブハウスの店長が別の箱の入り口をチェックしたり、他のフェスのオーガナイザーが警棒を振って、誘導してくれたり、その境界を越えていく姿はこの蔓延した資本主義に対する一つのアンサーに思えた。

もちろん、反省点は山積みだったが、お金やパワーバランスの中にある約束事でなく人と人が連帯している絵は感動的で、この感覚は未来に連れていくべきだと思った。すべてが終わって泥のようになった帰りのタクシーの中で急激に震えがきて寒くなる。その時、この四日まったく寝ていないことに気づき、疲れがでているのだろうと思ったが、想像以上に体は悲鳴を上げたがっていたみたいだ。喉が腫れ、そのまま丸太のような太さにまで膨れ上がり、それが顔に上がってくるまでに時間はかからなかった。二十九年間なんとなく保ってきた輪郭はぶっ壊れ、決壊し、それはもう本当におもしろおじさんになる。

メンバーのグループLINEに写真を送ったが、当初は顔変形のアプリでの変換だと思って相手にしてもらえず、事情を説明するといきなり焦り出し電話がかかってくる。

何枚も撮ったのだけど、公開すると本当にまずいテイストのものばかりだと本気でバンドメンバーに止められた。いつかまた新たな挑戦で、地獄のようにピンチがきたらこの顔でフォトTシャツを作ろうと思う。その時はだいぶピンチなんだなということを静かに察してくれ。

人間の体はサインを持っている。これ以上はやめてくれという警告を力いっぱい発するが、わたしはその警告に耳を貸さずに走り続けていたのだ。ごめんね。薄々警告音が後頭部あたりから鳴っているのはわかっていたんだと顔をさすると口内に橙色の膿がたまり、コップに吐く。眠りたくても眠れないのは、口の中にたまった膿で溺れかけるからだ。これが痛みや熱よりもキツかった。食べ物を介して生きることがテーマだった今回の全感覚祭は相当にそれらしいテーマを自ら体現して終わることになる。主催とはどうやらそういうものらしい。

でも、目標としていた二千万円がそんななかでも集まったこと。それは一つの評価だと思っている。わたしたちのような横揺れした存在がこの時代に存在していていいのだという一つの目安だった。

これから世界はどんな風になってしまうのか？　怪しい雲行きは雷を携えて歪んでいる。東京オリンピックなんてこんな状況のなかで誰が望んでいるのだろう。混乱したまま、その吐け口を探しているこの街が新たな展開を迎えられるとは思えない。

ポカリスエットを飲み干す。頬が熱い。朦朧とする意識の中で、あの熱狂の渦の中から答えを叫んでいるのが聞こえる。久しぶりに会った顔たち、人が集まることって可能性に満ちている。言葉にはまだなっていないその叫び声の中にこの世界をはじめる答えが混ざり込んでいるのがわかる。

目を凝らして、耳をすませてもノイズが大きすぎて捉えることができない。でもあの渋谷の叫び声の中にたしかな宝石がある。

この先この世界がどんな風に変わっていってもその宝石が足元を照らしてくれるはずだ。わたしはそんなことを思いながら、口から膿をこぼし、久しぶりに眠った。

# 言葉が飛ぶための滑走路

全感覚祭の過労で体が壊れて、三週間ずっと家にいた。外に出たとしても家のまわりの神田川沿いをただ歩くにとどまった。コンビニに行って帰るだけの日々はまるでリハビリだ。とてもじゃないけど街に出る気は起きず、鏡に映る膿んで変形した顔は何度見ても自分じゃないみたい。

ここが限界だよということを体はちゃんと知らせるようになっているんだなと感心しながら、保険証もなく病院に行けないわたしはポカリとヨーグルトを食べまくる機械になった。もう味なんて気にしてられない。栄養カモン。

ふと自分の中で坂口《さかぐち》恭平《きょうへい》の顔が浮かんだ。命について向き合わざるを得ないその時に坂口さんって何を考えてるのだろう？　遠く熊本での生活を思った。

先日の言葉についてのトークイベントで、寺尾紗穂さんが坂口さんの曲を紹介していたのを思い出した。

いなくなるとき　空の青が変わる
風がなにかを　つたえたがっている
また逢う日まで　いつも一緒にいよう
いつか笑って　商店街を歩こ
「飛行場」

綺麗な詩だ。一緒にいるということは体が近くにあるということではなく、意識のことなのだ。わたしはこのまま死ぬのかなと思い、寝そべったベッドの上でいろんな人の顔を思い浮かべていた。浮かぶ顔があるだけで、一人だけど一人じゃない気がした。

坂口さんは一人の体の中で全感覚祭が起きているような人間だ。ハイな時にしか会ったことはなく、その声の大きさと放射されるエネルギーの眩しさに目を細めた記憶がある。

「いのっちの電話してみようかなあ」

そんなことを編集の竹村さんに話したらトークイベントが決まった。激動だった二〇一九年の十二月二十七日。ちょうど小説で書いたような年の暮れの時期だった。トークイベントが決まったことを共通の友人である寺尾さんに報告すると、連続して送られてきたメールがそっくりで笑ったと、そのスクリーンショットが送られてくる。

言葉を扱う動物。似てないことはないのかもしれない。

梅田の蔦屋書店に向かう。この街の景色もずいぶん変わった。

いつも行っていた古いＪＡＺＺのかかっている立ち食いうどん屋はまだあるだろうか。食べている時はあまりに簡素で気づかなかったが、あれは世界で一番美味しいうどんだった。こだわればいいというものでもないのが食べ物の面白いところで、シンプルな甘いだしの、無駄がなくお腹にたまらないその味は、醤油ベースのそばつゆみたいなうどんしかない東京での生活のなかで、たびたび麻薬のようにフラッシュバックする。

コーヒーを飲みながら楽屋にいると、坂口さんが到着し、その時点からトップギアで話しはじめる。今日は調子がいいみたいだ。後で思い起こすと、この時はお互いの距離を調整しチューニングを図ってくれていた気がする。

楽屋ですべての会話が出てしまいそうで、わたしは席を立ち、本屋をウロウロして過ごした。


トークがはじまると、わたしのことを遠くから心配してくれていたこと、珍しく小説を読んでくれたことなどを話した。その感想のポイントは今まで聞いたことのない箇所で、作者のコントロールの外にあるとても曖昧な部分についてだった。その曖昧さをすくいとる坂口さんの視点はこの世界にも向けられている。生産性や善悪のみで判断されやすいこの世界にある曖昧なものへの眼差しだった。この人の存在が救いになっている人が多くいるのだろう。

SNSでマヒトゥに向けられた評論を見つけた、と読んでくれたものが的を射すぎていて驚いていると、それは坂口さんが手を加えた、フランスの哲学者ドゥルーズの文章だった。抱えている葛藤は戦うものに課された宿命なのかもしれない。時代も国境も超えたところで書かれた言葉は一番のわたしの理解者のように横にいてくれた。言葉は時間を超えて、語りかけた。

わたしなんかの数倍はエンターテイナーの意識もあって、ギターを持参し、最後に一曲披露しあった。坂口さんいわく、どんだけ散らかっても最後に音楽が一曲あるだけでしまるという。魔法のメソッド。

「これもらいますね」、そう言ったものの、荷物を持つのが嫌いだから、きっとギターは家に置きっぱなしだろう。三十年もこの体の首謀者と一緒にいるとこいつの癖もわかってくる。

うたわれた「飛行場」を聴きながら、「言葉が一番幸せになった形、それが音楽なんだよ」と教えてくれた寺尾紗穂さんの言葉を思い出す。

本当にそうかもしれないと、その時お客さんの顔を見て思った。

心があった場所に夕暮れのように陽が射し、擦れて柔らかい熱を持つ。生きているというのはこの痛みのことなのかもしれない。わたしはまた何かに向かって戦い、傷つくだろう。それでもこの熱のことを手放したくない。その余韻の中で思っていた。

トークが終わると、上の階でとんかつを食べた。ホテルのベッドで今日のことを思い出す。何とも形容し難い不思議な日。

曖昧だがたしかに存在した日。またどこかで会いたい。走り続けて、命に触れた時、またその顔を思い出すだろう。
今日も生きたなー。

爛々と灯る

イ・ランとはじめて会ったのは新代田FEVERの楽屋だった。広い楽屋でライブを終えたランちゃんはソファに座っていて、簡単な挨拶を交わした。はじめてのセッションがトークで音楽ではなかったのは自分にとっては珍しいことで、不安がなかったわけではないけど、その短い挨拶で感じた印象はその不安を拭うには十分だった。時間をかけなくともその背景を超えて一瞬で話ができるこの現象はなんと呼ばれているのだろうか？　関係は時間をかけて紡いでいく種類のものと、最初に答えからはじまる種類のものがある。どちらが素晴らしいとかではないけど、ランちゃんは後者だった。

普段、誰かと話す時、発言や音からあらかじめイメージを構築して、その前提に向かって話をされることが多い。インタビューなんかは校正が入るし、いくらでも取り繕えるのだけど、その前提を信じ切って対面した人は、目の前に立っているわたしの姿など見ることとなく話したりする。

初対面の人に「よく聴いていますよ」と挨拶されることが多いとランちゃんは語っていたから、そのことには彼女も自覚的だったのだろう。そして、トークショーから打ち上げまで丸一日の彼女を取り巻く環境を見て、その虚像に向かって話しかけている人がどれだけ多いのかもわかった。

彼女を時代やフェミニズムの旗手として見ていたい人の願望がそうさせるのだろうし、それに応えるだけのサービス精神も持ち合わせていた。わたしで言う、マヒトゥ・ザ・ピーポーなどといったふざけたピエロのような名前で逃避はできず、イ・ランとは本名であり、そのイメージをすべて引き受ける。わたしは羨望の目に応対を続ける言葉と言葉の間で、人知れずついている青黒いため息がやたらと目についた。

それからは韓国から日本に来るたびに連絡を取り合い、お茶してお互いの国の情勢や恋愛の話をしたり、ショッピングしたりした。自分では入ることのないISSEY MIYAKEの店に行き、試着をさせては大きな声で「ピーポー似合うよ」とふれまわり、店員さんを巻き込んで買わないと帰れない雰囲気を作り上げる。しかも嫌な気がしない。ショップ店員をやってもきっと優秀な成績をおさめることだろう。

二〇一九年の十一月、折坂悠太《おりさかゆうた》からの誘いで彼がいたフリースクールで演奏した。同じく誘われていたランちゃんと雨降りのなか、電車とバスを乗りついで、遠い遠いと何度も文句を言いながらたどり着いたそこは手作りのユートピアみたいだった。出された温かいお茶を飲みながら、建物の中を見て回ると、張っていた糸がじんわりと解けていく。紙でできた名探偵コナンの立体のモニュメントと空を彩るカラフルな風車、この施設出身のスターなのだろう、入り口には折坂くんのワンマンのチラシや、何かの賞をとった時の切り抜きが飾られていた。

折坂くんが、この場所なくして今の自分はいない、と言っていた意味が流れる有機的な時間やフリースクールに通う子たちの自由な表情から伝わってきた。

わたしの学校生活を思い返してみると、決して馴染めていたとは思えない。

「みんな」という記号の中で協調性を学び、はみ出すことをよくないこととして教えられてきた。それはたしかに社会と呼ばれるフィールドに放たれた時、適応しやすく、その感覚は何かと役に立つ。それと同時に社会の仕組みや慣習が正しいかどうか立ち止まり考えることをしない日本人の保守的な部分は、教育のこの点により育ったものだと感じる。

それに比べ、フリースクールの子たちの表情はとても自由で、生き物としての真っ当な姿に思えた。同じようなことを山形のライブを見にきてくれたフリースクールの子たちを見て思った。一般的には問題を抱えた子が通うとされているフリースクールだが、ライブ後に対面した時、むしろ透明な清さを直感した。生きていれば迷うことも悩むことも当然ある。そのカーヴを非と扱い、直線を是と扱う教育はそのまま合理主義の社会に向かって一直線に突き進む。子どもは馬鹿ではないから、自然と大人に褒められるように振る舞いを学習する。時は経ち、その優秀な子どもたちが作った世界がこの歪んだ現代だ。例外も当然あるが、わたしはそんな社会をコンパクトにまとめたような学校で大人に褒められる子のほうが怖い。

同じアコギでうたい、一曲終わると次の人に回していく。一般のお客さんは入れずに回していく歌のリレーは終わり、施設の皆とお別れをして、その日は折坂くんの家に泊まるため小雨のなか、トボトボ歩いた。肩を湿らせ、雨が薄く伸ばした橙色の街灯のなかをいくつかの影が歩く。これまた、歩く距離がうんと遠く、文句を垂れ流しながら、足を棒切れにして引きずりたどり着いた一軒家で、缶ビールを開けて朝までいろんな話をする。

部屋に飾られたカレンダー、子どものおもちゃに絵本。お家はアーティストの基地というよりは、生活感が満載であり、家庭に馴染みのないわたしには驚きで、折坂くんのイメージが新鮮に一新されるようだった。

今度折坂くんには二人目の子どもが生まれるそうで、話題は子どもの話になる。ランちゃんは「こんなヘルに産むのは自分では考えられない」と言った。わたしもほとんど同じ理由で育てる勇気がないと言った。自分の人生であれば絶望する権利も残せるが、子を育てる時、その権利がなくなるのではないかという気負いがあり、いつでも消えられる自分でいたいとなぜかその逃避の念を小さな頃から持っているのだ。

するとお酒に酔っていた折坂くんが激昂し、缶ビールを机に叩きつけ「子どもは生まれたくて生まれてくるんだ」と大きな声をあげた。わたしもランちゃんも目をまん丸にして驚いた。

それからしばらく話をして、わたしたちのまぶたはだんだんと重たくなり、風で揺れるカカシのようになって、最後は吸い込まれるように眠った。

帰りの電車で、どうして愛の歌がうたえないんだろうと二人で話した。わたしにはあんなふうに怒れたことがなかった。

わたしもランちゃんも大きな意味での愛はうたっているがラブソングと呼ばれるような特定の誰かに向けた愛の歌が一つもなかった。折坂くんも、一緒にいたbutajiも「愛」という言葉をするすると使い、うたう。わたしもランちゃんもどうしてもその言葉がまっすぐ使えなかった。ガタガタと揺れる電車は空いていて、手ぶらのわたしたちは車窓から流れる雲を見ていた。ゆっくりと伸びる飛行機雲の線を目で追いながら、愛する人の顔を浮かべようとしたが、わたしには大きな熱の塊のようなイメージだけで、誰の顔も浮かばなくて少し悲しくなる。

そのまま、電車を乗り継ぎ、植本一子さんの家に遊びに行くことになった。家に着くと寺尾紗穂さんもいて、子どもたちを合わせた六人とランちゃんとbutajiとわたしでウインクキラーというゲームをして遊んだ。朝まで喋り続けて疲れていたが、たくさん笑ったので眠たくなることはなかった。

日暮れが近づいてきて、そろそろ夕飯の支度がはじまるだろうから、わたしたちは手を振り別れた。道路に出ると、いっちゃんファミリーがベランダから身を乗り出して手を振っている。幸せの花びらがひらひらと舞っているようだった。

一人になって歩く十一月の小道で、深呼吸する。昨晩描かれたのだろう、酔っていて覚えがなかったが、わたしのアイフォンの画面にランちゃんの絵で猫のジュンイチが描かれていた。マジックで描かれた、少し難しそうな顔をしたジュンイチを見ながら、今日のことをなんとなく覚えておきたいなと思った。見上げると細い爪の先のような三日月、わたしたちは笑ったり驚いたり、悩んだりしながら年をとっていく。

あらかじめ約束されたいつか思い出に変わる、そんななんでもない日々に生かされている。わたしはそんな日々が眩しくて時折、目を背けてしまう。できるだけその光の輪郭を覚えておくにはどうしたらいいだろう。

わたしは音符を集めたり、言葉を綴って、ガラスケースに爪でつけた傷のように記憶に挑戦する。

# 自主隔離1

「狂（KLUE）」というGEZANの五枚目のアルバムが完成した。わたしの今住んでいる東京の混乱と愛憎をうたった矢先、日本で最初のコロナウイルス感染者がダイヤモンド・プリンセス号にて発見される。そのニュースを定食屋のつけっ放しにされたテレビで眺めた時、嫌な予感が全身を走って、想像していた以上の混乱がこの街になだれ込んでくることを予感した。唐揚げの下でしなしなになったレタスを箸で摘んで口に放り込んだら、嫌に不味かったから、水を飲み、お会計を済ませて暖簾を潜る。

そもそも、この街はオリンピックなんてできる体力などはじめからなかった。定食屋を出て、スクランブル交差点に向かい、歩き出すとそれだけでいろんな国の人とすれ違うが、この街がイメージで謳われるようななんの差別もないクリーンな街だとは誰も思ってない。週末になるとヘイトスピーチで韓国人は帰れと罵ったり、そういった暴力が頻繁に鈍色の雨を降らす。わたしはその混乱のなか、宮益坂を歩いた。いたるところにあるTOKYO2020の看板。派手で華のあるその数字の並びがもみ消そうとする、誰かの涙で育った黒い花。排気ガスを浴びる渋谷の道路脇にはたくさん咲いている。

緊急事態宣言が出て、半分強制的な自主隔離がはじまる。スーツを着たおじさんやおばさんが小さいマスクをつけたり、横文字で何かを連呼している間に、コロナはどんどんと拡散されていとも簡単に時代を変え、大切に積み上げてきたものを根こそぎ奪っていく。わたしは予定されていたライブがすべてキャンセルになり、急に静かになった部屋で長方形のアイフォンの画面にしがみついては、感染者数を数え、日をめくった。そんななかで、わたしたちの古巣であるライブハウス、難波ベアーズの経営が危ないかもしれないと友人から連絡をもらう。

誰にでも一つはある、故郷。わたしは難波ベアーズのオーデションでその音楽キャリアをはじめた。オーディションと名前のつくものを受けたのは後にも先にもこの一回きりで、きっとこの先もないだろう。本当にわけのわからないアーティストだらけで、東京の人たちにわかられてたまるかというアンダーグラウンドのプライド、謎の風潮があった。

だからその頃のわたしは、ライブでMCをするやつなんて媚びていると思っていたし、打ち上げに行って乾杯を交わすなんて媚びていると思ったたし、自分たちのレーベル以外から作品を出すなんて媚びていると思っていた。そんな屈折したマインドが屈折していることにも気づかず自然でいられる場所、それが難波ベアーズだった。

冷房がやたら効いていて、静かなうたものなんかを聴き終わると膀胱は縮こまり、必ずトイレに行きたくなる。

照明は白と赤の二つ。たまにスタッフが人力でスイッチをカチカチやってストロボを作ってくれるから正確にはパターンは三つ。一番最近に出たのはKID FRESINOとGEZANのツーマンで、FRESINOを見にきたギャルがインスタにあげようと頑張っていたが店内は暗すぎて何も写っておらず何度もトライする涙ぐましいシーンが記憶に新しい。

店長の山本精一さんにはいろんな時にお世話になっていて、音楽的な影響はもちろんだけど、思い出されるのは二〇一一年、前回のベアーズオムニバスのコンピレーションのレコ発を心斎橋クアトロでやった時だ。人とのコミュニケーションが今よりも格段に下手だったわたしは大トリのGEZANのライブ中に関西ゼロ世代のカリスマ的存在だったオシリペンペンズのモタコと喧嘩になり、なんか知らないけど便乗して入ってきたクリトリック・リスのスギムなんかも交えて乱闘になった。なじり合い、つかみ合い、もみくちゃになって、混乱したモタコはなぜかフロアでうんこをしようとした。意味はいまだに不明だ。もはやカオスを極めてシーンと白け切ったフロアで、急に山本さんはステージの脇から出てきてマイクを掴み、叫んだ。

「ベアーズなんてこんなもんですわ!」

そう言ってステージにマイクを叩きつけて帰っていった。反響するマイクと短いハウリングのなか、そのイベントは誰もが固唾を呑むようにして幕を閉じる。

楽屋に帰ると当時ペンペンズのドラムだった迎《むかえ》さんがニコニコしながら近づいてきたから、こういうのもおもしろいな! とか言って握手でもされるのかなと思ったら胸グラを掴まれ「うちのボーカルに何してんねん。殺すぞ」と壁に頭を押しつけられた。気動が塞がり呼吸が苦しくなりながら、「いいバンドだな〜〜〜」と感心したのを覚えてる。わたしはわたしで謝らなかった。

山本さんは「音楽なんてこんなもんやで、殺し合いやで」と居酒屋で励ましてくれた。それがどういう励ましなのかは今でも理解できないが、励まされたのだから励ましなのだろう。その日はぐでんぐでんに酔っ払いながら道頓堀を歩き、三日月が波打つように揺れていたのを覚えている。

時代は急を要している。無益で、資本主義のなかで力のないものは振り落とされる。白と黒の間にあるグレーはどちらかに振らされ、その曖昧さはないものにされる。いくらお金を集めたとか、何人集客したとか、数字が飛び交い続けるなかで、誰の何の役にも立たず、何も有益なものを生み出さない時間や物がいかに大切か。わたしはどれだけ困窮してもそれを捨てたくない。自分たちはあの場所で鳴らされたディストーションの子ども。

人のほとんどいない平日のフロアを這いずり回って、言葉にならない声を叫んでるあのシャウトをないものにしたくない。そう思い、ベアーズのコンピレーションを企画した。

山本さんは「財布一緒に捜してあげてよかった」と言っていたらしい（笑）。

何の話？　でも言われてみるとなくした財布を一緒に捜してもらった記憶がうっすらと思い出されてきた。そしてそれは思い出せたとて断じて関係がない。

そうこうしてるとペンペンズのモタコからメールが来て、開くとベアーズコンピに参加したいという打診だった。めちゃくちゃいい曲あります、と添付されていた曲は全編「全員転校生〜」と永遠に言いまくってるいい曲だった。

歴史は交錯し、新たなページがめくられる。続いていく限り新たなドラマは展開される。小説や映画なんかに負けないほどドラマチックだ。その白紙のページが楽しみでたまらない。その白色に垂らす赤いインクを思うだけで、この一人の部屋での戦いもなんとか生き残れる。


この先もいろんな場所が大変になっていくだろう。悲鳴、悲痛の声は様々なところで鳴り響き、クラウドファンディングを乱発していくことも容易に想像できる。すべてに参加することは難しく、順番をつけるのも心苦しい局面が必ず出てくるだろう。わたしにできることをその時その時考えてやるしかないと思う。だってこれはきっと想像以上に長期戦になるのだから。

お腹が空いてきた。コンビニに行くの一つとっても緊張感が生まれる。一人の部屋でそんなことを思う。

# ねえ、歌舞伎町

歌舞伎町がわたしたちの街だと呼べる頃がたしかにあった。

NATURE DANGER GANGやHave A Nice Day!といったバンドが新宿LOFTをホームグラウンドとして、わたしの所属するバンドGEZANもその企画に呼ばれ何度も出演していた。集まるメンツは一言で言えばぐちゃぐちゃで、ハードコアバンドからアイドルやヒップホップなどが混在したまま、カオスというキーワードの下で一つの夜を越えていた。

週末になると終電が終わる頃に若者がぞろぞろと集まってきて、捌け口のわからないフラストレーションを発散するようにストロボの光の中で肉体をぶつけ合い、モッシュやダイブを繰り返して存在をたしかめ合っていた。

階段を下りて、チャージを払い、ライブハウスの分厚い扉を開けると生乾きのような汗のこもった独特の匂いが迫ってくる。

服にこぼれた酒、端っこで酔いつぶれて首を垂らし寝ているオタクのダサいファッション。乳をさらけ出す出演者に羨望し群がる男根。ド派手だがオシャレさはかけらもなく、欲望はむき出され散乱していた。同じ四つ打ちが流れていても渋谷の週末のクラブのそれとは様子が完全にちがっていたが、カルチャーはおどろおどろしい色を吐きながら直立に狂信していた。

そうやった挙句の朝方の通りには、カラフルな色彩の死体が積み上がり、潰れた安いビールの缶がそのまわりに転がっていた。その横を化粧の剥げかけたキャバ嬢のヒールの音が通り過ぎ、決まってケバい香水の匂いが後からついてきては鼻先に残った。カラスがゴミを漁り、破けた白いゴミ袋に集まってくる太りすぎのネズミ。魔法がとけたみたいに白々しい朝の光線は茶髪のホストの七対三にわけた髪の毛の先端にあたり、直角に地面に落ちて、誰かが吐いたゲロすらも白日のもとに晒す。誰も見たくないあれ。でも毎朝、誰かが掃除してるんだなあ。

ホテルから出てきた風俗嬢に手を振るハゲ親父、そいつの顔面のホクロを凝視する。

このおっさんは誰かの父親で、あの風俗嬢は誰かの娘だ。体温と金が交錯し、混乱している街、歌舞伎町。

やはり治安なんかは全然良くなくて、ライブ観覧を早々に切り上げ、外で永遠に喋ってたりするものだから、わかりやすいほどの修羅場も何度か目撃した。腹部が血だらけで、それを押さえながら交番に駆け込んでいく男や、明らかにドラッグの乱用が見て取れる女の視線。かく言うメンバーのカルロスも一晩で七回職質を受けたという記録を持っている。

GEZANのライブにトシちゃんという名物おじさんが来るようになったのは大阪での火影というライブハウスでのことだ。彼は五十五歳で仕事をクビになった日に人生勉強と思って生まれてはじめてライブハウスに飛び込み、その扉を開けた瞬間にちょうど演奏していたGEZANと出会った。

それからはどのライブにも遊びに来て、遠征ではじめての東京公演なんかにも来ていたのを覚えている。不思議なリズムの取り方でライブを観戦し、感想も特別に音楽を聴いてきたわけでもないのに奇怪でやたらと筋がよく、たまに呆気にとられるようなこともあった。

「マヒトさんは世界を立体で見ているが他のメンバーは平面で見てる」

トシちゃんの感想に他のメンバー三人は真剣に悩んでいたりした。

そのトシちゃんから再就職でもうライブに来られないという手紙がある日突然、我々のもとに届いた。お別れを言うこともできずにトシちゃんはライブハウスから消えてしまった。手紙には花束と、そして理由はいまだにわからないのだがタバコを自販機で買う時に使うトシちゃんの顔写真付きのtaspoが同封されていた。

月日は流れ、我々はママチャリで新宿LOFTを目指していた。風俗店なんかが立ち並ぶ歌舞伎町のネオン街、風を後方に置き去りにするように自転車を漕いでいたわたしは急ブレーキをかけた。

「トシちゃん」

彼は風俗のキャッチをやっていたのだ。東京に来ていたことすら知らなかったからシンプルに驚き、我々は再会を喜んだ。

「よかったら寄ってく?」、トシちゃんは元気そうに言ったが、ライブ前に立ち寄る場所でもないから、サヨナラを言ってその場を後にし、LOFTでライブをした。

それぞれがそれぞれの方法で夜を越えている。
夜はそれらすべてを包んで、そこに青春を見たい人たちの欲望を背負い込んでいた。代わる代わる光は入れ替わる。その青春が終わってもまた別の形でそれは用意される。時代が変われば、またかわりの誰かがスポットライトの下に立つ。

あの頃。と言ってもたかだか五年ほど前の話だけど、あの頃の歌舞伎町を駆け抜けていたバンドのほとんどは方々に散ってしまった。来ていたお客さんも演者もどこかでその短命な寿命のことをわかっていた。それを知りながら、走ることを調整などできなかった。歯止めをきかせて方向を転換できたバンドは数えるほどしかおらず、それぞれの理由でバンドは崩れ、それとともに集まっていた若者たちは家路に就いた。
その崩壊していく様はやっぱり美しく、その一瞬の光を歌舞伎町はないがしろにならない。どんな色だったとしてもわたしもちゃんと光と呼ぶよ。

いつかあの頃は無茶したよななんて言いながら、酒を飲むのだろう？　わたしはその飲み屋には行かない。無論、わたしたちはハンドルを切った側のバンドだからだ。だけど、みんなまたどこかで会えたらいいよなとは思う。その時は同じ時代を生きた戦友と呼ばせてほしい。乾杯しよう。
それはまだだいぶ先の未来の話。わたしもお前も。

# 自主隔離2

じりじりと静寂が燃えるなか、わたしは部屋に一人ぼっちで、もはや廃棄される直前の鈍い肉だった。

寝ぼけた頭で昼過ぎまでぐうたらしていると、部屋のチャイムが押され、ドアを開けるとチルドの宅急便だった。

熊本の友人、ノアともくれんからで、冷えた段ボール箱を開けるとなかから冷凍したカレーやほうれん草とともに、十歳になるもくれんの手書きで「コロナにかからないお札」が同封されていた。

なんだか急に届いたやさしさに泣きそうになってしまった。

「わたし疲れてるんだな」、もう一方の冷静な頭で、体と心のことを思う。

レンジで温めて食べた久しぶりに人の味のするご飯は心をポカポカに温めた。今、一番ほしいものだった。マスク二枚を配布するだとか、ふざけた人間が利権まみれで駒を動かしコントロールする政治よりも、わたしにはこの温度あるカレーの味こそが政治と呼ぶのにふさわしいと思った。

ちゃんと社会というものが存在するんだと思った。一人だけど一人じゃないんだと思えるその時間は貴重だった。

わたしは壁に「コロナにかからないお札」を貼る。

もう、きっとコロナにかかることはないだろうと思った。

ありがとね、もくれん。ありがとう、ノア。


ご飯を済ませ、いつも散歩している家の裏の団地に向かう。この都営集合団地はオリンピック開催時の駐車場にされる予定で、一斉に全員退去させられたが、延期により工事もされず都市の真ん中にぽっかりとスポットのように空いていた。団地の庭に咲いている花に水をあげに来るおばあちゃんに聞いた話だ。彼女とはほぼ毎日会っていて、わたしはというといつもそこでお弁当を食べていた。今日も会ったけど、距離を大きくとって大きな声で話した。

「お互い大変ね」と笑っていた。人と会うだけで、こんなにも心はほぐれる。

三密というコロナ感染の条件にも当てはまらないし、相変わらず、わたしはそこでご飯を食べている。桜は散りかけているが、様々な草花がこの時期、キラキラと存在をきらめかせていた。ため息くらいつかないと本当にやってもいられない。

アイフォンを開くと、踊ってばかりの国の下津と青葉市子から同時にメールが来ていて、昨日作った曲だとそれぞれ書かれていた。下津の曲は「Deep River」というみたいだ。市子のは無題。どちらも緊急事態宣言とはまったく関係のなさそうな雰囲気で、市子はスーパームーンのほうにピントを合わせ、うたわれていた。二人らしいなと思う。どんな時もその人でいるというのはそれだけでやさしいと思う。

空を見上げると、ここは飛行機の通り道になっているのだろう、頭上を飛行機が通りすぎていく。国内線は止まっていないから当たり前だけど、こんな世界に何を運んでいるのだろうか。わたしも連れて行ってほしい。飛行機を見るたびに思う。

そんなことを思いながら、部屋に帰って久しぶりにEコードを鳴らしてみた。震災の後も思ったことだけど、歌なんてそんなものこんな時にうたったって仕方ないだとか、無力さに悲観したくない。

二〇一九年の全感覚祭に参加してくれた山形のじゃがいも農家の方が困っているという話をベースのカルロスからの電話で知る。学校給食に出荷するはずだったじゃがいもがすべて出荷ストップになり大量に余っているらしい。それと時を同じくしてご飯の行き渡らない貧困の子どもが増えているという話も聞いた。

集合ができないためホームレスの炊き出しもストップされているみたいだ。それを聞いて思い出す、わたしの友だちの顔がある。ニュースの向こう側で話す行政の見解は概念の話ばかりで人の匂いがしない。

廃棄している食物と、必要としている人が同時に存在し、本来ならその行政が凸凹を解消するべきなのだが、その動きはいまだにはじまる気配はない。そうしている間にもお腹を空かせている子はよりお腹を空かせ、雨風をしのいで一年間かけて作ってきた食物は食べられることなく腐っていく。

想像もしていなかった完全にファンタジーの世界だ。ベランダから見る景色はいつも同じで、見飽きたわたしはベッドの上に横たわり、真っ暗な部屋の中で長方形の液晶画面にしがみつき、駆け巡る情報を追い、怒り、そして祈る。

ニュースサイトは今日の教会になった。

このパンデミックが明らかにしたのは都市の限界だ。人口過密で、合理主義を最大限まで加速させた社会の仕組みに背後からモルヒネを打たれ続け、わたしたちは麻痺したまま満員電車に乗り、競争し、誰もが何かに敗れ、そして疲れた。

資本主義経済の限界を突きつけられてもなお、その資本主義のなかでツケを払うことをせがまれ、乱発するクラウドファンディングとSAVEという文字にだんだんと疲弊していく。サポートする順番をつけ、口座残高と相談し、振り込んでも次々と届く救いを求める声に、ついにはミュートして、やっとおとずれた静寂は罪悪感を煽りたてる。

なんて無力なんだろう。

わたしが住んでいるこの街の速度を奪われた今の姿を見ると、本当に何の魅力もない大きな空洞で、わたしたちは灰色の虚無に向かって必死で金をベットしていたことがわかる。その空洞から風が吹き込み、問いかける。

「お前は一体なんなんだ？」

わたしは何に参加させられ、何と戦ってきたのか？　この静寂のなかで考えていた。

気を許すと簡単に絶望できてしまえるその時間のなかで、来るべき未来に何を連れて行くべきか、何を破壊し、何を愛すべきか？　怒ることも連帯することも、その前提として自分自身でいなければいけない。でも、一人ぼっちの狭い部屋のはずなのに、飛び交う様々な声に犯され、わたしは迷子だった。

わたしの体にわたしを取り返さなくてはいけない。


わたしたちは恵比寿LIQUIDROOMの屋上に十三月農園を作ることにした。

全感覚祭を全感覚菜として、それぞれのベランダに彩を取り戻すための家庭菜園のプロジェクトをはじめる。わたしたちは野菜や花の種や苗の詰め合わせを作り、オンライン上の投げ銭で手に入るようにする。ついに土いじりにまでたどり着いてしまった。時代がわたしをここまで運んだ。

ライブハウスが営業できていないこの時期を狙って土を屋上に運び、花や野菜の栽培をはじめる。十三月農園でできた野菜は基本的にフードフリーで食べられるようにできたらという希望があった。

忘れもしない、二〇一九年の全感覚祭を直撃した台風の発生。気候変動によって積もらなかった雪、そしてこの新型コロナウイルス。わたしたちがいかにこの世界と関係し、影響を与え、あるいは受けているか。緊急事態や異常は今や日常になり、この環境破壊に加担し続けることはさらなる予期せぬ事態を生み出すことはそれぞれがうっすらと感じているところだろう。そしてその結果が生み出した未来は何食わぬ顔で、大切な人や場所を奪っていく。

それぞれの部屋やベランダから、世界と自分との関係性を問い直す。そして、そんな環境下でも食べ物が作れることは都市生活者にとって未来的な実感になるはずだ。世界規模で広がった新型コロナウイルスによって輸出が制限され、自給率の低い日本では物価が高騰し、流通しなくなるという食糧危機が予想されている。その時、自分にとって食べ物の存在が一体どんなものなのか、その実感を持っていることは、今後様々な選択をする上での強力な灯台になるだろう。

いつかベランダでできた物をそれぞれが持ち寄って、フィジカルで会える全感覚祭では石原軍団の炊き出しみたいな巨大な鍋なんてやれたら最高だし、その想像だけで、このキツイ時間も頑張れる。

投げ銭してくれた人に送る詰め合わせパックの中に粘土団子なるものを封入する。

自然農法の福岡正信《ふくおかまさのぶ》さんの発案した粘土の中に複数の種が入っている団子で、発芽するかどうかや、その時期もバラバラ。それぞれのベランダから都市とセッションをする。

そもそも、家賃ってなんだろう? この土地に線を引いたのは誰なんだろう? 勝手に引いた囲いの中で、我々が生まれるよりももっと前からそこに生えていた花や種、植物のすべてを管理しようとし、利権を絡ませ、それらしい建前だけ用意して、値札を貼っていく。針の振り切れた人間の傲慢さがこのすべての現象の根元を作っているという意味で、今感じる悲しみや怒りのすべては人災だ。

生態への影響など不確定な要素も多く、粘土団子に入れる種などは選定方法についても徹底した審議が必要だった。

まずはベランダから、そして次はベランダから見える景色や家から駅までの道、その景色を変える。ベランダでできた種は翌年、空き地にまいたり、Pay It Forward、一つ隣にいる友人にシェアしたりできる。色と色が連鎖し、街に新しい絵を描く。

与えられた仕組みや悪政に思考停止のまま運ばれ、絶望をインストールするだけでなく、半径一メートルから自分の生きる景色を変えてみる。その新しい時代のデザインとは、人間のエゴを可視化した今の都市のようなものではなく、もっと懐かしく美しい色をしているはずだ。

それぞれのベランダで、屋上で息吹く声が聞こえたら、空には境界がないから自ずと連帯し、その孤独な声の集積はやまびこのように、ビルとビルの隙間で反響する。


わたしは初心者丸出しで、ギターでいうところのFコードを「指いて――」とか言いながら押さえている段階だ。どんどんと関わる人や場所が増えていけば嬉しいけど。使える屋上、空いてる土地、だぶついている種や苗。枠組みや仕切りなんてどうでもいいいい。全感覚菜という言葉だって胞子のようにどこに飛んでいき、どの地で芽が出てもいいのだ。ウイルスのようにシームレスにどこまでも広がって、それぞれの街のそれぞれのベランダで花や芽が出るイメージだけを共有する。リーダーやルールなどいらない。自分の見る世界やその景色を自分でデザインする。わたしたちはいくつもある最初のキッカケの一つをファシリテイターとして調整する。

大切なのは同じ時代を生きているということ。同じ台風に怯え朝を待ち、同じ目に見えないウイルスに怯え、同じ月を見ている。それだけあればわたしたちは孤独なまま、それぞれがちがった考えのまま、それぞれの家から連帯できる。フィールドはこの液晶画面上ではなく、それぞれのステイホームしている家から見える世界。

食べ物は、生まれたところや皮膚や目の色で差別などせず、ただ、目の前の存在を生かす。わたしは自分自身が小さく苦しく思えるほど、食べ物のことをかっこいいと思っている。

憧れるなー。いろんな色や形に育ったりしちゃってさ。茄子の艶やかなカーヴとか、ジャガイモのワイルドさとか、トマトのギャル感とか、めちゃめちゃかっこいい。花だって、何も言わずに、何の役にも立たずにあんな風にただ綺麗でいるなんてクールだよ。あれが本当だよね。そんな人、わたしのまわりには数人しかいない。

そして、こんな時代にも笑える自分を取り戻せたら、このポスト・パンデミックの自主隔離の戦いにおいて、小さな勝ちだと言える。

その勝ちは誰のことも蹴落とさず、誰のことも傷つけない種類の勝ちだ。それは一見頼りなく思えるかもしれないが、お守りのように、打ち勝った一つの記憶になる。どんな世界がこの先待っていても、その記憶はきっと孤独な時間を支えてくれると思うからだ。

自らの家をちゃんとホームグラウンドにする。これからの未来に迫りくる想像もできない新たな戦いのシェルターになることを願って。

新しい時代でも生きて存在していることを、証明する。そしてその証明がいつか種になり、その破綻した灰色の街に色を落とす日を、想像する。

わたしたちはこんな時代でも幸せになっていい。


わたしはそう綴った告知を出した。一日中、メールの対応に追われ、視力をさらに悪くさせる。気分転換に廃墟に行き、裸足になって月の光を浴びる。疲れてはいたが希望がある。わたしはその晩、興奮して眠れなかったから。

# それぞれの怒り　それぞれの祈り

高速道路を走り、栃木を目指す。渋谷O-EASTでの配信ライブを二十時に終え、余韻も冷めやらぬ二十一時、渋谷の雑踏を見上げていたわたしは車に拉致され、豊田組への合流を急がされた。

薄暗いホテルのフロントに着いてすぐ、中浴場に体を沈め、その晩のライブの汗を流す。もう他の役者は誰も起きていないだろう。午前一時の静けさが、張られた湯船に水滴になって落ちる。その波紋がゆっくり広がるのを見ている。窓は蒸気で曇り景色を写しはしない。明日から役者として関わる映画の現場に、湯に沈めた心臓がドキドキと鳴り、目を閉じると体に入れてきた台詞が暗闇から再生される。その晩は結局緊張のため眠れなかった。

工程表を見ると、幸い初日は何も台詞がないから眠たくても大丈夫だろうという甘い考えを打ち砕く。雨降りの神社での撮影は想像以上に過酷だった。

長い階段、濡れて体の冷えていくわたしをよそに、雨粒を受けて高揚している苔の生えた石畳。高いところで擦れ、ざわついた青い葉と葉。歓迎してるのか、警戒してるのか、御堂のすみを駆け抜けたもののけの光る目。わたしは深呼吸をして雨を降らせている空を睨み、しばらくすると汚れていたものが気化していく音が聞こえ、新しい場所に立っていることを全身で感じていた。

豊田利晃《とよだとしあき》監督の声は怒号のようで、スタートを告げる「ようい、はい」は遠吠えのように聞こえた。その声を聞いたスタッフや演者の細胞は皆、一様に緊張する。何より監督自身がその声に鼓舞されている。

その晩、キーさん（渋川清彦《しぶかわきよひこ》）と風呂に入って、爪の先に入った泥を洗い流し、ホテルに常備されたビアガーデンに行く。普段なら来るであろう監督は参加しない。明日のカット割りや台詞の調整、孤独な戦いの中にいるのがその表情から伝わってくる。疲れで半分、目の閉じかけているなかで飲んだお湯割りでわたしはちゃんと酔った。その疲れをすべて解き放つように快眠。底の底で視界から色が消える刹那、何者かが名前を呼ぶ声を聞いた。昼間、あの境内で一度目が合ったやつだろうか？　声の聞こえたほうを目視したが、たしかめようもないのでそのまま底の底へ潜った。

豊田監督とはじめて会ったのは三宿のバーだった。近くのコンビニでタバコを買いにきたキーさんとまず会って、その後行こうと思ってたバーに入ると豊田監督がいた。たしか、竹中直人さんとかもいたっけ。その日は何を話したのかまったく覚えていないけど、たまたま持っていた本か何かを渡した気がする。

数日後に感想を送ってくれて、それから下北沢で深い時間までぐでんぐでんになるまで飲んだ。

わたしは、映画にミュージシャンが役者として出るのがあまり好きではない。音楽は替えのきかない存在になっていく一本の旅のように思っていて、与えられた様々な役を演じることでコントロールできると証明してしまうことは、積み上げた存在への確信が揺らぎ、白けてしまうことがよくあるからだ。何を言っているかわからない？まあ何となくだよ。わたしにもよくはわからないけど、早い話、器用なやつが好きじゃない、その一点に尽きるかな。

でも、実際のところわたしは一体なんなんだろうか。ミュージシャンと呼ばれると、

「はい」と頷いたりもするけどどこかで違和感もあるし、一冊本を書いたくらいで物書きと名乗るほどの慢心もない。フェスをオーガナイズもしてるし、最近はライブハウスの屋上で農園もやってます。

そういう肩書きの話は置いといたとして、わたしは自分のことが本当にわからない。朝、誰かを愛することも知らないが、夜にはすべて何もかもを知ってるような気になることだってある。身体はたしかにあるが、存在はよく迷子になってあらゆる手段と才能を使って探し出そうとするも、出会うのはだいたい影で、手で触れようとすると残像のように指の隙間から消えていく。わたしはちゃんとわたしと出会いたくて、恥ずかしいくらいにいつも焦燥している。

今回、わたしに与えられた役、賢一は祈り続けて即身仏になろうとした男だった。どんぐりや木の実を食べて体を山のモノにしてから土の中に入る即身仏の気持ちを想像すると果てしのない忍耐の境地を感じるが、祈るという行為自体は理解できなくはない。わたしは手を合わせることで何も生み出さないと知っていても、時折祈るしかないという場面に遭遇する。

人は本当に本当に悲しい時、何かに祈る。涙を絞り出すのも忘れたような、そんな冷たい夜の底でわたしは何度も祈った。神様の名前も顔も知らないけど、わたしは祈り、その合わされた手と手の間に、まだ名前のついていない存在を感じる。そんな時、根拠や理屈なんてものはどこにも存在しない。ただ祈りだけがある。

演技力やメソッドなどあるはずもないわたしは、ただ賢一のことを思い、なりきるしかなかった。撮影中、気持ちが切実になりすぎて、監督に深夜二時に「起きてますか?」とメールしたり、夜に呼び出して「この話がどんな話かというと」と口火を切り、脚本について改変を求めたりもした。もしかしたらというか、取りようによってはそれは失礼なことだったのかもしれないが、怒られたら怒られたで別にいいやと腹は括っていたし、真剣だった。結局、わたしの要望は通らなかったけれど。

撮影は雲の流れとともにあった。照明部が常に空を虫眼鏡みたいなので見て、その雲の流れに沿って撮影は進められた。風を呼んでいるみたいで超かっこよかった。梅雨の真ん中だったが奇跡的にその合間を縫ってスケジュールをこなし、順調に進んでいくのは混乱の中に散りばめられた祝福と呼ぶのにふさわしい。

イッセー尾形、対面した時にしかわからない役者の凄みに、積み上がった歴史を見た。きっと各々の積み上げた歴史によって、対峙した時に見える景色もちがうのだろう。それは図鑑のページをめくる時の興奮に近い。

撮影が後半に行くにつれて、わたしは現場が好きになっていった。スタッフの名前や顔も覚え、仲良くなっていくし、時間をシェアしていくなかでチームが出来上がっていくのを感じた。松田龍平くんと前に話してた時に、「青い春」の撮影が楽しすぎて、現実の高校を辞めたと言っていた。撮影が終わると毎日、そのメンツで卓球したり風呂に入ったりして遊んでいたらしい。

「こっちのがおもしろいじゃんって比べちゃった」、そう言って笑っていた。

気持ちは理解できる。その時間がなければ生まれることのなかった嘘が輪郭を手に入れ、存在しはじめる。レンズの向こう側、魔法のような時間が記録されていく。だが実際に魔法など存在するはずもなく、凄まじくアナログに雨や光に怯え、見えるものとも見えないものとも交渉し、役者は雲の流れに沿って奮い立ち、現場をメイクやスタイリストは風の速さで駆け抜け、怒号混じりの遠吠えの合図にその虚像を存在させる。

キーさんにそのことを飲みながら話したら、「豊田組が最初で良かったね。ちがう現場に行ったら物足りなくなるよ」と言っていた。豊田監督の最初の映画、「ポルノスター」で俳優デビューしてからすべての豊田作品に出ているキーさんにとって、きっと豊田組の現場は相当に特別なのだろう。

最初と言って笑ったけれど、わたしの役者はこの後も続くのか？　わからないね。先のことを考えると思考に雲がかかる。何も考えない。わたしは自分で何かを決めると間違えることを知ってる。最後は世界に決めてもらうのだ。お腹が空いたら飯を食らい、いい匂いのする場所へ向かう。そうやってここまで日々を繋いできた。いつも急いではいるが後悔はしていない。

明日と呼ばれる時間が二十四時を跨ぐと容赦無く押し寄せる。わたしはその時間の中心を睨んでその日その日を生きるだけだ。遠い先の未来のことも、もう変えることのできない過去も考えるだけ時間の無駄だろう。生傷を絶やさずにいく。

そうこうしているうちに明日は最終日、渋谷での撮影だった。撮影時間は四十七秒。たったそれだけ。一発勝負。傷が乾く前にその渦の中に飛び込め。

「最初で最後の映画のつもりででたらめにやろう」、そう意気込んだツイートをしようと打っていたら珍しく寝落ちしていた。朝、目を覚ます。顔を洗う。わたしは鏡の前、いい目をしてる。生きてるねー。おはよう。ツイートを消して家を出て階段を駆け下りる。

すべての撮影が終わった時、久しぶりに監督の笑った顔を見た気がした。わたしは今も「破壊の日」の破壊が意味するところを考えている。わたしはその四十七秒の間、何を思っていたのか思い出そうとしている。

わたしたちは大変な時代を生きているね。正しいことはそんなに価値がないみたいだ。私腹を肥やす、役人の肥満面、承認欲求と罵り合いで気分が悪くゲロを吐いた。受け止める混乱の坩堝《るつぼ》の中心は恐ろしく流れが早く、そして空洞だ。何もない。「本当なら今ごろ〜」と愚痴を溢しそうになる口に酒を流し込む。「破壊の日」だってコロナ前とはずいぶん内容が変わった。だけど愚痴なんてこぼさず映画監督は映画で返答した。うちのボスはカッケーだろ？　ハハハ。

そもそも撮影してから一か月も待たずに公開されるなんていう狂った映画あるのだろうか？　五分のＭＶでももっと時間がある。

この映画が意味するもの、その映像の向こうでわたしが演じ、生きていることをあなたに見せつけて、そしてそのことの意味をあなたの言葉で教えてほしい。

悲しみを吐く暇があるなら、わたしはあるべきものといいたいね。仮にそれが祈りのように実際には何も生み出さなかったとしても最後、賢一に与えられた台詞とともにわたしは生きていたい。今の話だ。混乱しながらでもそれを繰り返す。一日、一日。生きているを繋いでいく。

わたしはこの映画を再生の話だと思ってる。全部ぶっ壊して、まっさらになった球体の中で、沈黙の次に美しい日々を生きるんだ。

# 水の中、自ら

何もない日、雨、どんよりと憂鬱になることに抗うこともせず、その一滴一滴、屋根から落ちるリズムで体全身を憂鬱でいっぱいにしながら、横たわる肉を完全に腐らせる。部屋に敷いたカーペットの毛を指で集めて丸めると小さな束になった。

何気なく流れてくるインスタグラムのストーリーに去年、苗場でGEZANのライブしている姿。焦燥と希望が鳴っている。本当なら、今頃はフジロックだったなんてことを思ってしまうけど、これは本当に不毛なことなので思わないようにしないといけないね。膨らむ感傷に蓋をして、わたしはただ低気圧に引きずられながら耳鳴りとともに水の中にいる。

映画の撮影が終わった瞬間から聞こえなくなった右耳は、中耳炎と突発性難聴を併発していてその聴力を失った。先日、鼓膜を切ってもらって水を出した時はずいぶんとドキドキした。まだわたしは音楽をしていたいみたいだ。とても怖かったから。

七月はずっと海の中を歩くようで、怒涛の日々もどこか実感がなく、亡霊のような気持ちで間を潜り抜けた。

三日前に映画「破壊の日」の前夜祭と公開初日を迎え、一旦深呼吸をすると何か体から気が抜けてしまって、心地いいのか悪いのか、抜け殻のように空っぽで、ただ耳鳴りだけがその空洞の中でこだましている。その静かなる喧騒をかき分けると、ここ数日を駆け抜けていった人たちの顔が浮かぶ。

わたしはこの顔のことをきっと覚えておくことができない。会ったという事実だけをかろうじで留めておくのでやっとだろう。

このコラムの出版の目処がたち、過去の自分の話を読み返していると、その頃好きだった人の匂いや、もうあまり会わなくなった友だちの声なんかが聞こえてきて胸が苦しくなる。こうやって言葉を綴り、そうして何かを残していくことが何なのかについてはいつも考えている。どれだけのことをとりこぼしているだろう。すくい取れなかった日々の小さな事象たち。例えばベランダで枯れてしまったプランターのレモンバームや、洗濯物が生乾きになってること？　別にそれは忘れてしまってもいいかい？

映画の宣伝をやってきた奥田愛基と打ち上げでケンカになったことは？　それは今後にまで残るような傷跡になるだろうか？　それは未来まで行ってみないとわからない。もう金輪際なんてことになればこの喧嘩も大きな事象として記憶されるだろうが、酒も入っていたし、その理由は極めてくだらない。

奥田とはじめて会ったのは、ＧＥＺＡＮの「SILENCE WILL SPEAK」というアルバムのデザインをしている北山雅和さんを通してだったと思う。北山さんが同じくロゴなどを担当していたのがSEALDsだ。その首謀者だった奥田とどうやって仲良くなっていったのか、詳しくは忘れてしまったが、政治のことや世の中のことを夜な夜な何度も語り、自分の感覚的で大雑把な考えがブラッシュアップされていくのは新鮮で、いつの間にかクルーになっていた。彼は人の話をちゃんと聞く。対話というのは実は本当に難しい。誰かの言葉を奪い、打ち負かすように加速する議論ではなく、相手を尊重しながら意見を交わすことは、過度にスピードが求められる昨今、よりその難度を高めている。奥田はそういった左翼やリベラルには珍しく対話することを念頭においている。

今では奥田と「WiSH」というドキュメンタリーを作ったり、自分を介して知り合った豊田組のクラウドファンディングを担当するなど仕事で顔を合わす機会も増えた。

ホームレス支援をする親父さんにも母ちゃんにも会っている。その日も例に漏れずぐでんぐでんになるまで飲んだな。二〇二〇年を思う時、その周囲にいる奥田の存在をないものにはできない。

わたしは彼が過去の話をしている時の顔が嫌いだ。その瞬間に混じる過去への憧憬に違和感がある。それほどまでにSEALDsという季節が強烈だったことは間違いないし、その肩書きは簡単に払拭できるほどたやすいものではない。だけど、過去の輝きに今やこれからが輝くほどの力はない。私たちはこれからの人間だ。そのことだけはわかるし、実際にそう誇っていい活動をしているのは近くで見ている自分は知っているから。多分、結構彼のことが好きなんだろう。今回の喧嘩はそんな思いから堰を切りはじまった。

そんなことをしゃあしゃあと語るわたしはどうだろうか？　ガラスを叩く雨足は強くなった。心のある位置はまるで雨を受けたみたいにぐったりと重い。この今が実は取り返しのつかない輝きを内包していて、いつか、あの頃は、なんて何度も語りたくなる日々だったりして？　それは否定できない。だって全部あるのだから。音楽を鳴らすメンバーもコロナで危うくなりつつあるけれど、場所だってある。そんな当たり前の日々が当たり前にあること、奇跡ならとっくに起きていた。

怯えている。そのことも気づけなくなりブクブクと太っていくわたしの未来に。光らない贅肉、処方箋としての過去からのサンプリング、その場しのぎで鈍くなっていくことを肯定してしまえる器用になっていく言葉の使い方。それならいっそ全部燃やしてしまいたい。そう思っていたはずなのにマッチが擦れずに過去を見上げて、そのブランドから垂れる甘い蜜から離れられずに鈍くなっていくかつての金属たちが街角で直立しているのを何度も見た。そんな錆びた大人には反吐《へど》が出る。


時間の圧倒的なまでの残酷さは、その刹那を輝かせるものの裏返しだ。だから、否定はせずに刻み続けなければいけない。わたしは片道切符の列車に乗って、前だと思うほうに走る。その暗闇の中で、足を止めたくなっても影に追いつかれないように走る。

未来は曇っているが、それでも未来は僕らの手の中だと思う。どんな色をしていても何も諦めないいし、何も捨てない。そのビジョンだけが灯台のように足元を照らしている。

なんだかお腹が空いてきた。お弁当を買いに行こうか。耳鳴りはちゃんと治ってくれるだろうか。窓の外をふと見るとこんな雨の中でも工事をしている。ヘルメットを打つ、肩が濡れる。労働はかっこいい。

歩き出そうとすると立ち眩み、壁に手をつき、治まるのを待つ。つむった上まぶたと下まぶたの間の暗闇の中で、また誰かが呼ぶ声、聞き取れない。右耳をマッサージすると泡が地上に向かって上っていく。ごぽぽぽ。見送った七月、水槽の中。

# 見えなくなったものたちの

いつもうっすらと混乱していて、なんでか悲しく、まだ夜を終わらせられないような気持ちで朝を迎える。静かな時間に吸い込む空気は肺に入っては膨らみ、血液は全身に流れ出す。このリズムが途切れると生きていくのもうまくいかなくなるようだ。

寺尾紗穂は「彗星の孤独」というエッセイでわたしを堕天使だと言った。悪魔は最初、明け方の明星に喩えられるほど輝かしい天使で、それが地獄に堕ちただけのことだという。わたしが天使だった時の記憶などないが、地獄とは一体どこを指すのだろうか。この夜の真っ黒な中心をぐるぐる旋回していると地獄が静かであってほしいなと祈りたくなる。またそこに帰っていくのだとしたら。

実際、わたしはどう考えてみてもいい人ではない。自分でもどうしてそういうことしちゃうかな？　と落胆するほどにいまだにこの体をうまく操縦できずに、時折まわりにあるガラスでできた世界に亀裂を与える。わたしは人をやるのがはじめてだからうまくはできないなとNUUAMMの曲でうたったたが、本当にそんな風に思うのだ。どうしたらもっとやさしい人間になれるのか、堕ちるよりももっと前にあったはずの天使だった頃の記憶を思い出そうとしている。

わたしは今、真っ暗な部屋の中でDOMMUNEを見ている。奥田知志《おくだともし》さんのやっているホームレス支援で一億円を目標に寄付を募る会だった。わたしはその最初のDOMMUNEに参加していて、今回もトークと歌で参加する予定だったが、息子である奥田愛基とのいざこざによって、直前で辞退してしまった。大人のまともな人間のやることではないのだろうけど、関係を整理できていない今、同じ空間に気持ちよくいられないならとわたしは部屋に篭った。

音楽で参加していた寺尾さんがわたしの名を呼び、「失敗の歴史」をカバーしている。わたしが過去に綴った言葉が画面の向こうから問いかける。まるでそのままわたしのことみたいだ。ボロボロで傷だらけの失敗の歴史のようなわたしにも綺麗な時間があったことをふと思い出す。

寺尾さんは、そんな日の孤独を孤独のまま伝えても聞いてくれる人だ。人間が人間になる前の言葉や声というものがあって、それを翻訳しながら日々生きているわけだけども、他人と交わすためのそうした翻訳がなくとも話が通じる。それは夜の底の色を知っているからだと思う。

わたしがはじめて一緒に演奏したのは二〇一六年の二月。それからいろんな地方の綺麗なところへ行ったけど、その夜のたびに八十八の鍵盤の上を縫うようにわたしのギターは龍のように自由に鳴いてまわった。音が喜ぶというと抽象的に聞こえるかもしれないけど、そう思えるような場面がいくつもあった。弾いているのは自分なのだけど、わたしから放たれた音を見上げながら時間が溶けてくところを眺めて、ため息をついたりした。

出会った頃に寺尾さんが作った「たよりないもののために」という曲をタイトルにしたアルバムにギターと歌で参加した。

「忘れられたものたちのダンスは続いてる。見えなくなったものたちのダンスは続いてる」というフレーズは今踊ることを奪われたコロナの静寂の嵐の中でよりいっそうその輝きを放っている。

わたしはDOMMUNEの画面を閉じて、電気もつけずに部屋の天井を見上げる。時折、外から飛び込んでくる車のヘッドライトが部屋の内装を写しては消えていく。わたしの肩を、蚊に刺されたくるぶしを、仰向けになったアイフォンを照らしては消えていく。

こんなことがあった。渋谷WWWで寺尾さんとのデュオと前野健太とのツーマンの時、寺尾さんが「END ROLL」をやりたいと言ってきた。

「エンドロールに名前がなかった　だからぼくら　旅を続けなくちゃ」

この曲は、オリジナルメンバーだったGEZANのドラムが抜ける時のバンドのムードを背負った曲だった。ドラムが抜けてもバンドは続けるんだという意志表示として、その後何度もうたってきた曲だったから、GEZAN以外のメンバーで演奏するイメージがわかなくて、最初寺尾さんに提案された時、たじろいだのが正直な感想だ。でもいざうたってみると、寺尾さんがエンドロールというものをわたしのようにバンドでなく、人生に喩えていることがわかった。歌詞は変わっていないのに人生を続けるという意味の新しい歌になっていた。わたしはその言葉を集めてきた張本人だけど、その意味を後から知ることだってあるのだ。ちょうどさっき「失敗の歴史」がわたしに語りかけてきたように。

三浦春馬《みうらはるま》くんが自殺した。何一つ不自由などないように見え、世間が羨むような成功を納めている人でも、その人が幸せかどうかなんてその人にしかわからない。彼の見ていた空の黒色は誰にも測れない。そんな人に生きなくちゃいけないと誰が言えるのか？　そう思わせられるような世界を提示できなかった側の人間が、後からごちゃごちゃと美談に仕上げたストーリーをこぼす。クソくらえ。そんな声で励まされるのは自分だけじゃないか。その声は死者に届くことはない。

ただ、奥田知志さんは、「わたしは、あなたに生きていてほしいんだ」と伝えることはできると言った。わがままで一方通行でしかないかもしれないが、その声を発することはできると。

わたしにとっての「あなたに生きていていてほしい」は必要とされることだ。声を言葉を、歌を、存在を。だから一緒にうたおうと声をかけてくれた最初の気持ちをずっと忘れないだろう。エレキギターを背負いながら渋谷を歩いた日のことを、道路の脇で潰れた缶ビールを、休憩で擦ったマッチとタバコの味を、吹き込んできた五月の風の透明を、生まれたメロディが七階から落ちていく螺旋を、わたしはできるだけ大切に覚えておく。それだけが生きてきた証なのだから。

「エンドロールに名前がなかった　だからぼくら　旅を続けなくちゃ」

# ひかりぼっち

奇妙な夏だった。でたらめで信じられないくらい暑い。

街には色とりどりのマスク姿の人間が歩いている。アベノマスクをつけている人は、結局見なかった。新しいビルが立ち、久しぶりに来た駅前には前にあった趣はない。いつも店先まで人が溢れていたボロボロの立ち飲み屋は消えてしまった。今もどこかで集まって飲んでいるのだろうか？

整頓された公園のベンチに腰掛ける。ホームレスらしきおっちゃんがゴミ箱を漁り、なかからジュースを摘み出しストローで吸う。一つ吸い終わるとまた別のものを摘み上げ、飲んでいる。わたしはその姿をボーッと見ていた。空になったカップが転がり、氷の砕ける音が聞こえる。

「すみません。よかったらこれどうぞ」

そのおっちゃんの横にギャルっぽいお姉さんが立ち、コンビニの袋を渡す。中には五百ミリリットルの水とおにぎりが入っていた。お礼を言わせる暇も与えず早々に立ち去る。横を通り抜ける時、イヤホンからエグザイルらしき音もれが聞こえた。テレビで聞いたことがある曲だったから知っていた。わたしの二つの目は駅前に向かう彼女の背中を追う。少し時間が経って、友人と思われる同じような格好のギャルと合流したのち、どこかに消えてしまった。笑った顔は先ほどよりあどけなく見えた。

視線を戻すとおっちゃんはおにぎりを食べ終わるところで、その殻をゴミ箱にほうり込み、水はズボンの後ろポケットに入れて、ゆっくりと歩き出した。

足元には蝉の羽が落ちている。拾い上げて日に透かす。体はどこかにあるだろうかと探してみたが、どこにもなかった。

わたしは友だちを待っている。まわりからはそう見えているかもしれないが、その実、特に予定はない。ただ、何かを待っているのは事実だった。何を待っている？空がうっすらと黄色がかってくる。どこかでカステラを焼いたような甘い匂いがした。

わたしはずっとうっすらと混乱している。理由は何もないのに少しだけいつも不安だ。日々を生きることは、光と呼ばれるような瞬間を探しながら旅をすることだった。数えきれないほど好きな人ができて、好きな眺めもたくさんある。でも、わたしは知っている。光の数だけ影を知ることを。片手で光に触る時、もう片方の手は影で冷たくなっていることを。

たまに芸術ってなんだろうと思う。解像度を高めた目で見た世界は、汚れだって目に入ってくる。ゴミ箱の前におっちゃんの飲み残しのカップが置かれていて、その脇にはパンの袋が風にはためいていた。

答えならいらない。だって人はすぐに間違うから。

この本の頭とケツの今とでは、文章も全然ちがうね。言葉がちがうということは人がちがうということだろう。わたしはマヒトゥ・ザ・ピーポーという同じ記号を使って振る舞っているが、もうあの頃の細胞は一つも残っていないらしい。すべて一新されている別の人間であるわたしを、あなたやあなたたちの記憶が同じ人間だと決定づけている。わたしは積極的にその嘘に参加している。

わたしは立ち上がり、電車に乗って住んでいる街に帰った。気分転換にタバコを吸ったりする小さな公園にいつものおじいさんが座っている。今日はソーダのアイスを食べていた。

「暑いですね」

声に出してみて、今日はじめて声を発したことに気づく。おじいさんは少し黙ってから、「こっち空いてるよ」、そう言ってベンチの横に招いてくれた。

コロナもあるしあんまり近づいても悪いかなと思い距離を置いていたが、招かれたのでベンチの横に座った。どうやら耳が遠いみたいで、わたしが何と言ったか聞き取れてなかったみたいだ。近くに招いたのはそのためだった。

「暑いですね」、もう少しだけ大きな声でそう言うと、しばらく黙っておじいさんは言った。

「ここは風が通るから」

わたしは体を静止させると風がゆっくり流れていたのを感じる。夏の常套句のように暑いですねと言ったが、気温も幾分かマシでこの場所は涼しかった。わたしはてきとうなことを言った自分を恥じた。

「ビルの風が吹き込んでくるんですかね？」

わたしは声を大きめにして言ってみたが、「ここは風が通るから」、それしか言わなかった。あまり聞こえてないのかな？

食べ終わった棒を袋に入れて、おじいさんは立ち上がる。

「良い一日を」

わたしがそう言うと、「はい。あなたも」、そう言ってどこかに歩いて行った。

風の通り道を知っているおじいさんをかっこいいと思った。わたしには知らないことがたくさんある。

「良い一日を」

今日はどんな日だっただろう。良い一日とはなんだろうか？　風を浴びながら考えた。黄ばみはじめていた西の空がわたしの大好きな色に変わっていた。鼻について嫌いだったハイソなビルの窓に反射して、不覚にも美しいなと思う。

はじめてのことに驚き、忘れていたことを思い出しては笑い、傷ついたり、傷つけたりを繰り返しながら、少しずつ死に近づいていく。両手に抱えきれない光と影を抱えて、わたしは今日も一人で生きている。一人でと言いながらたくさんの人の顔が浮かぶ。それでもやはり一人ぼっちだと自分のことを思う。それでいいのだ。

わたしは思い切りため息をついた。季節の匂いが肺に吹き込んでくる。何かを悟ったような気分になったが感傷的になっている。多分、気のせい。たしかなことなどわからないけど、どうやら生きていることだけはたしかみたいだった。心のある場所はいつも小さく痛いが、そのこと自体が生きていることを証明している。

たった二年前の自分がずいぶんと過去に思えるように、この時間のこともきっと懐かしく思う日が来るだろう。

どんな未来が来るのか想像もできない。何が起きたってもう不思議じゃないもんな。


この本は未来への手紙になっている。いつか未来の自分はきっとこのページを開き、そしてわたしの書いた言葉の羅列を目で追うだろう。

未来から見れば過去に当たる現在のわたしは、あなたのことを思っている。この言葉が直視できないようなあなたになっているのなら全身全霊で軽蔑する。

来る日のわたしよ、どんな目つきで世界を睨んでいるか?

怒りと祈りを持って切実に世界を駆け回り、子どものように全身で遊びながら想像力と対峙していてほしい。

好きな人に好きと伝えられる人間になっていてくれ。決して怒りに取り込まれないで。戦う時は光で武装するんだよ。

絶望はやたらと足が速い。追いつかれないでほしい。仮に追いつかれても一休みしたらまた走らなければいけない。それが世界の約束だから。

風はどっちに吹いてる？　世界にはどんな色の雨が降ってる？　きっと想像もできないような未来なのだろう。そっちも大変だろうけど、過去を美化すんなよ。こっちも大変さ。

夢を見ることに飽きないで、できるだけ光をたくさん集めろ。誰かにあげるなら闇より光のほうがいいことを過去のわたしは知っている。そうして眩しい記憶で日々を塗りつぶすんだ。そうやってお前は生きてきた。どうしても忘れたい記憶よりも、どうしても忘れたくない記憶を増やして、最後は笑って消えてほしい。

どうか最後までひかりぼっちのままで。

本書は、幻冬舎plus(https://www.gentosha.jp/)の連載「眩しがりやが見た光」を加筆・修正し、「ぼくたちがひかりだった頃」(「MASH UP! KABUKICHO」掲載)と書き下ろしを加え構成しました。

連載担当＝竹村優子（幻冬舎）

## マヒトゥ・ザ・ピーポー

２００９年、バンドGEZANを大阪にて結成。作詞作曲をおこないボーカルとして音楽活動開始。うたを軸にしたソロでの活動の他に、青葉市子とのＮＵＵＡＭＭとして複数のアルバムを制作。映画の劇伴やＣＭ音楽も手がけ、また音楽以外の分野では、国内外のアーティストを自身のレーベル十三月でリリースし、フリーフェスである全感覚祭を主催。また中国の写真家Ren Hangのモデルをつとめたりと、独自のレイヤーで時代をまたぎ、文化と関わっている。２０１９年ははじめての小説『銀河で一番静かな革命』を出版。GEZANのドキュメンタリー映画「Tribe Called Discord」がSPACE SHOWER FILMS配給で全国上映。バンドとしてはFUJI ROCK FESTIVALのWHITE STAGEに出演。２０２０年1月、5th ALBUM「狂（KLUE）」をリリース。豊田利晃監督の劇映画「破壊の日」に出演した。

# ひかりぼっち


2020年11月25日　初版第1刷発行

著　者　マヒトゥ・ザ・ピーポー

写　真　佐内正史

装　丁　川名潤

DTP　小林寛子

校　正　鴎来堂

編　集　圓尾公佑

発行人　友澤和子

発行所　株式会社イースト・プレス
東京都千代田区神田神保町2-4-7久月神田ビル
TEL 03-5213-4700　FAX 03-5213-4701
https://www.eastpress.co.jp/

印刷所　中央精版印刷株式会社

ISBN978-4-7816-1929-3